ATTILA ALBERT

9
WAHRHEITEN
DIE DICH DURCHS
LEBEN TRAGEN

CHRIST WERDEN UND BLEIBEN
IN EINER WELT, IN DER AUCH
ALLES ANDERE GEHT

INHALTSVERZEICHNIS

MOMENTE DER WAHRHEIT

In jedem Leben gibt es diese Momente der plötzlichen Einsicht. Wahrheiten, die einem ständig vor Augen standen, die man aber bisher nicht gesehen oder verstanden hat, werden plötzlich offensichtlich. Auf einmal klärt sich das Bild. Der Blick auf einen selbst, auf andere und die Welt wird klarer, realistischer und ehrlicher. Aus diesen Momenten der Wahrheit wachsen – über die Jahre – Lebenserfahrung und -weisheit.

Einen solchen Moment erlebte ich vor vielen Jahren auf einer Rundfahrt durch die Wüsten des amerikanischen Westens. Ich war Anfang 20 und hatte schon am ersten Tag die Entfernungen völlig unterschätzt. Als ich nach vierstündiger Fahrt meinen Mietwagen über eine kurvige Bergstraße in Richtung des ersten Hotels lenkte, stand die Sonne bereits tief hinter den Berggipfeln. Der Wald links und rechts war dicht. Nur wenig Licht drang hier nach unten. Ich hielt auf einem Parkplatz, um mir den Hain der gewaltigen Mammutbäume anzusehen, für den dieser Ort in der kalifornischen Sierra Nevada berühmt ist.

Nach wenigen Schritten stand ich inmitten der mehr als 100 Meter hohen Baumriesen, höher als viele Kirchtürme bei uns zu Hause. Selbst wenn ich den Kopf in den Nacken legte, konnte ich ihre Wipfel nur erahnen. Es war still, in der Luft lag noch der Geruch eines Waldbrandes einige Tage zuvor. Verkohlte Äste und Holzstückchen bedeckten den Boden. Feine Aschepartikel schwebten silbergrau hier und da in der Luft und leuchteten auf, wenn das Sonnenlicht sie traf.

Bis zu 3500 Jahre waren diese Bäume alt. Nun berührte ich ihre Borke und sah, wie sich ihre Äste und Blätter sacht im Abendwind bewegten. Mir kam in den Sinn, dass sie schon 1500 Jahre lang hier standen, als Jesus geboren wurde. Unsere gesamte moderne Zeit – wollte man die 250 Jahre des Industriezeitalters dafür ansetzen – war für sie nicht mehr als ein flüchtiger Hauch.

Die Wahrheit, die ich dabei verstand, war: wie groß und doch wie klein mein Leben war, wie unwichtig fast alles, was mir im Alltag so bedeutsam schien. Dies zu erkennen war mehr als ein Berührtsein. Es veränderte meinen Blick: Wenn das wirklich wahr war – und der Beweis stand vor mir –, müsste sich das eigentlich in meinen persönlichen Prioritäten zeigen, meinen beruflichen und privaten Alltag also neu ausrichten.

Diesen geheimnisvollen Hauch der Ewigkeit spürt man ebenso beim Anblick des Sternenhimmels, des weiten Meeres oder mächtiger Berge. Aber auch in Kirchen, in denen Menschen über die Jahrhunderte gebetet haben und deren Wände vom Ruß der Kerzen geschwärzt sind, die sie hier einmal voller Hoffnung angezündet haben. Was uns dabei berührt, ist: All das war schon lange vor uns da und wird noch da sein, wenn wir wieder vergangen sind. Bei den Baumriesen empfand ich das besonders eindrücklich, weil sie – anders als Gestein, Wasser oder Mauerwerk – lebten wie ich, atmeten und noch immer weiter zur Sonne wuchsen.

»Ich bestaune den Himmel, das Werk deiner Hände, den Mond und alle die Sterne, die du geschaffen hast«, heißt es an Gott gerichtet in Psalm 8[1]. *»Wie klein ist da der Mensch, wie gering und unbedeutend! Und doch gibst du dich mit ihm ab und kümmerst dich um ihn!«* Diese Worte, geschrieben etwa zu der Zeit, als die Bäume vor mir ihre ersten Sprossen aus dem Erdreich streckten, entsprechen dem, was ich in diesem Moment empfand: Bewunderung, Staunen und Dankbarkeit. Ich war damals noch kein bewusst gläubiger Mensch und kannte diesen biblischen Text mit seinen poetischen Worten nicht, fühlte aber intuitiv bereits, was er ausdrückte.

Unendlichkeit ist für uns ebenso wenig zu begreifen wie Ewigkeit. Unsere Erde ist 4,6 Milliarden Jahre alt, schätzen Wissenschaftler, das Universum 13,8 Milliarden Jahre und trotz modernster Teleskope und Sonden bisher ohne erkennbare Grenzen. Dort, wo ich während meiner Reise den Mietwagen geparkt hatte, wogte einmal ein Ozean und war wieder ausgetrocknet. Nur versteinerte Meerestiere, Muscheln und Korallen im Gestein erinnerten noch an ihn. Gletscher waren ihm gefolgt und wieder geschmolzen. Berge hatten sich an ihrer Stelle erhoben und waren erneut zu Sand zerfallen, der nun die Wüstengebiete bildete, die ich bei meiner Anreise durchfahren hatte.

»*Du, Gott, warst schon, bevor die Berge geboren wurden und die Erde unter Wehen entstand, und du bleibst in alle Ewigkeit*«, heißt es in Psalm 90. »*Für dich sind tausend Jahre wie ein Tag (…)*« Über uns Menschen sagt dieser Text: »*Sie sind vergänglich wie das Gras: Morgens noch grünt und blüht es, am Abend schon ist es verwelkt.*« Das mag zunächst bedrückend klingen. Doch es relativiert vieles auf gute Weise: Die meisten Dinge sind überhaupt nicht so wichtig, wie sie uns häufig erst erscheinen.

Wahrheiten zeigen sich auch, wenn man die Wendepunkte des menschlichen Lebens aufmerksam beobachtet, auf sich wirken lässt und in sich aufnimmt. Wir erkennen sie beispielsweise in den Augen von jemandem, der uns voller Liebe oder Dankbarkeit ansieht, im Blick eines neugeborenen Kindes oder eines Bedürftigen. Umgekehrt sehen wir uns gespiegelt in ihnen, verstehen dadurch unsere eigenen Ängste und Hoffnungen besser, erkennen unsere eigenen Stärken und Schwächen. Wer sich diesen nicht ganz einfachen Erfahrungen stellt, die wichtig, aber nicht immer nur angenehm sind, wächst über sich und sein bisheriges Leben hinaus – wird ehrlicher zu sich und anderen.

In meinen inzwischen mehr als 30 Berufsjahren als Journalist, Coach und Autor durfte ich an unzähligen solcher Momente teilhaben und konnte erleben, wie Menschen sich durch sie verändert haben. Welche Lektionen das Leben sie gelehrt hat und welche Wahrheiten sie darin für sich erkannt haben. Manche waren niederschmetternd:

der Tod eines Partners oder Kindes, eine unheilbare Erkrankung, berufliches Scheitern, Konkurs oder die späte Einsicht, etwas grundlegend falsch gemacht zu haben. Andere Ereignisse waren erhebend: die Hochzeit mit einem geliebten Menschen, die Geburt eines Kindes, beruflicher und finanzieller Erfolg, die Freude, etwas gut entschieden zu haben – sie haben mit dem versöhnt, was nicht gelungen ist, es oft sogar vergessen lassen.

In diesem Buch schreibe ich über neun Wahrheiten, die ich in alldem für mich entdeckt habe. Ich teile sie mit Ihnen als Angebot, sie für sich zu prüfen und für die Herausforderungen Ihres eigenen Lebens zu nutzen. Eine der Wahrheiten ist beispielsweise, dass jeder mit Ungerechtigkeiten und Schicksalsschlägen umgehen lernen muss – auch, wenn er immer ein guter Mensch war und meint, all das deshalb nicht verdient zu haben. Eine andere Wahrheit ist, dass es gar nicht so leicht ist, jemanden vorbehaltlos zu lieben, auch wenn man es sich fest vorgenommen hat, und selbst immer das Richtige zu tun.

Die neun Wahrheiten ermutigen uns gleichzeitig, dass all das möglich ist und sie uns durch die Höhen und Tiefen des Lebens tragen können. Sinn, Zufriedenheit und Glück lassen sich auch mit dem finden, was man sich selbst nicht ausgesucht hätte.

DER EIGENE BLICK AUF DIE WELT

Wer über diese Fragen nachdenkt, kommt bald bei den eigenen Grundüberzeugungen an: wie man persönlich die Welt sieht und die Ereignisse darin bewertet.

»Ich glaube an das Gute im Menschen«, sagte mir kürzlich eine Freundin, als wir im Café über die aktuelle Nachrichtenlage sprachen, die wie immer aus einer Aufzählung von unterschiedlichsten Krisen und bedrohlichen Ereignissen bestand, die viele Menschen beängstigen. Sie war davon überzeugt, dass wir durch Fortschritte in Wissenschaft, Technik und Gesellschaft in der Lage sein würden, die Herausforderungen immer besser zu meistern. Die Probleme, die sich immer neu auftürmten, also eines Tages endgültig zu lösen. Mehr noch: vielleicht als aufgeklärte, informierte Menschheit sogar insgesamt besser zu werden.

Ich dachte über ihre Worte nach und musste entgegnen, dass ich das anders sah: »Ich glaube nicht so stark an das Gute im Menschen, wir sind doch nie nur gut. Wir lösen ein Problem und schaffen sofort das nächste.« Wollte ich genauer ausdrücken, was mir dennoch Hoffnung gibt, müsste ich sagen: Ich glaube an Gott, das stimmt mich zuversichtlich, und hoffe auf uns Menschen, ohne aber Neues zu erwarten. Wir sind charakterlich nicht besser als unsere Vorfahren, wie der Blick in die Geschichte und erhaltene Aufzeichnungen zeigen, die beschreiben, wie frühere Generationen dachten und handelten. Sie waren, wie wir sind, auch wenn wir uns heute oft für überlegen halten. Ich denke auch nicht, dass wir uns grundsätzlich selbst helfen können, halte das allerdings auch nicht für nötig. Doch mehr dazu später.

Eine andere Freundin hofft, durch Studien und Umfragen Hilfreiches für ihr Leben zu erfahren, vor allem von der Neurobiologie, Psychologie und Soziologie. Als Journalist habe ich über unzählige dieser Forschungsergebnisse berichtet und denke, dass sie wichtig, aber für diesen Zweck wenig hilfreich sind. Sie sind relevant innerhalb ihrer Disziplin, aber nicht sinnstiftend für das Leben an sich. Oft reichen ihre Erkenntnisse kaum über altbekannte Erfahrungen hinaus oder wollen den Menschen allein mit körperlichen Phänomenen (z. B. Hirnwellen, Hormone) erklären, als gäbe es da nicht noch mehr.

Zuletzt sind da noch diejenigen im Freundes- und Bekanntenkreis, die vor allem »an sich selbst glauben«, was meist bedeutet: Sie sind aufgrund ihrer derzeitigen Jugend und Stärke davon überzeugt, alles allein zu schaffen. Hier ist meine Erfahrung, dass es im Moment sicher so erscheinen mag. Aber es ist unvermeidlich, dass solche Gewissheiten im Laufe der Jahre beiseitegefegt werden. Jeder findet sich einmal in Situationen wieder, in denen die eigene Kraft, der eigene Verstand doch nicht mehr genügen. Diese Erfahrung – und oft genügt dafür schon der Verlust einer Arbeitsstelle – ist meist eine schmerzhafte Lektion in Demut, korrigiert aber ein unrealistisches Selbstbild.

Ich schlage Ihnen in diesem Buch eine andere Weisheits- und Kraftquelle für Ihr Leben vor, nämlich die des christlichen Glaubens, bewährt seit bald 2000 Jahren und von den meisten gläubigen Menschen der Welt geteilt. Ich selbst bin atheistisch aufgewachsen und habe mich erst mit 37 Jahren taufen lassen. Wenn Sie spirituellen oder gar religiösen Themen bisher eher skeptisch gegenüberstehen oder sich eigentlich nur für die ganz praktischen Seiten des Alltags interessieren, kann ich das also nachvollziehen. Doch die bewusste Entscheidung, worauf man seine eigene Weltsicht gründen will, lohnt sich. Aus ihr ergibt sich, wie man wichtige berufliche und persönliche Fragen des Alltags entscheidet, wie man lebt und zu was für einem Menschen man schlussendlich wird.

Die Begriffe *Spiritualität* und *Religion* meinen dabei zwei unterschiedliche Dinge, die aufeinander aufbauen. Spiritualität bedeutet: die Suche und das Erleben einer Wirklichkeit, die nicht rational erklärbar ist, sondern parallel zur materiellen Welt existiert und sie sogar erst geschaffen hat. Religion ist die Konkretisierung davon: ein bestimmter Glaube und das Bekenntnis dazu, festgelegt durch Lehre und Praxis.

Christ zu werden in unserer heutigen Welt, in der auch alles andere geht, war eine der bedeutsamsten und – rückblickend gesehen – auch eine der besten Entscheidungen meines Lebens. Gleichzeitig immer eine Möglichkeit von vielen: Die meisten Menschen in meinem Umfeld sind kaum konkret darin festgelegt, was der Grund und Sinn ihres Lebens sein sollen, woran sie also wirklich glauben. Viele wollen auch gar nicht weiter darüber nachdenken, was jedermanns Recht ist, und sind nicht zwingend unglücklich. Manche sind auf ihrer Suche auch enttäuscht worden und haben sie deswegen aufgegeben.

Der zweiten Ehemann meiner Mutter war Muslim. Einige meiner besten Freunde sind Juden, wenn auch wenig religiös aktiv. Unser Pflegesohn kommt aus einer hinduistischen Familie. Viele, die ich kenne und schätze, sind spirituell nach modernem Verständnis – Meditation, Yogakurs, *Bestellungen beim Universum* und *The Secret*. Einige haben Achtsamkeitskurse besucht, teilweise vom Arbeitgeber organisiert, die fernöstliche Weisheiten und Neurowissenschaften miteinander zu kombinieren versprechen. Andere vertrauen auf die Nachbarin, die Tarotkarten legt, auf Kräutertinkturen oder angeblich wundertätige Kristalle aus dem Esoterikladen, auf Horoskope, moderne Schamanen und Geistheiler.

Während meiner eigenen spirituellen Suche habe ich unzählige Bücher gelesen, mehrmals auch die komplette Bibel. Von Los Angeles bis Moskau habe ich an Gottesdiensten teilgenommen, mit katholischen Mönchen in Deutschland und Österreich zusammengelebt, christliche Workshops und Seminare besucht. Vor allem aber habe ich mit Menschen gesprochen, die auf ganz unterschiedliche Weise glauben – oder eben gerade nicht.

Was mich dabei antrieb, war die Frage: Was passt zu mir, wer oder was hilft mir in meinem Leben weiter? Meine Taufe – das Anvertrauen konkret an Jesus Christus –

war die Antwort und Entscheidung, gleichzeitig Teil einer persönlichen Veränderung, über die ich Ihnen in einem Kapitel dieses Buches erzählen möchte.

Ermutigen möchte ich Sie dazu, Ihren eigenen Weg zu erkunden und bewusst zu gestalten, um die Herausforderungen Ihres Lebens gut zu bewältigen und es trotz mancher Enttäuschungen und Rückschläge, wie wir sie alle erleben, als sinnvoll, ganzheitlich und gelungen zu empfinden.

ANTWORTEN AUF DIE FRAGEN DES LEBENS

Als professioneller, zertifizierter Coach habe ich vor mehr als zehn Jahren damit begonnen, Menschen zu begleiten, die ihr berufliches oder privates Leben verbessern wollen. Auch wenn wir hauptsächlich über ganz praktische Anliegen sprechen, etwa die Suche nach einer neuen Stelle, Karriere oder Beziehung, werden dabei immer auch ihre spirituellen Überzeugungen erkennbar. Oft sind sie wenig geformt und selbst gar nicht als solche erkannt, manchmal aber auch klar ausgeprägt und durchdacht.

Etwa 80 Prozent meiner Klienten sind mit dem Christentum aufgewachsen, vielfach jedoch schon aus der Kirche ausgetreten. Die persönliche Verortung ist offen und meist so beschrieben: »Ich glaube schon irgendwie an eine höhere Macht. Aber eigentlich spielt das in meinem Leben keine Rolle.« Das faktische Wissen über das Christentum ist minimal, selbst die Bedeutung der christlichen Feiertage wie Ostern und Pfingsten oft unklar. Die Kirche wird eventuell noch für die Vermittlung von humanitären Werten und ihre sozialen Aktivitäten geschätzt, insgesamt aber höchst kritisch gesehen.

Etwa zehn Prozent meiner Klienten bewegen sich im Bereich von Esoterik und New Age, dabei häufig wechselnd in ihren Ansichten und Praktiken. Die verbleibenden zehn Prozent sind aktive Christen in unterschiedlichen Gemeinden, die regelmäßig zum Gottesdienst gehen und sich auch darüber hinaus ehrenamtlich engagieren. Sie kennen die christliche Lehre und Praxis oft sehr detailliert und versuchen, sie in ihren Alltag zu integrieren.

Jeder dieser Ansätze hat für die betreffende Person eine Vorgeschichte und Erklärung, erscheint offenkundig als der beste. Als Coach erkunde ich das mit einem Klienten nur, wenn er Glaubens- und Wertefragen thematisieren möchte. Gleichzeitig habe ich den Eindruck gewonnen: Wer seine spirituelle Seite vernachlässigt, bezahlt dafür langfristig ebenso einen Preis wie jemand, der seine körperliche Seite ignoriert, beispielsweise schlecht isst und sich Sport verweigert. Lange geht das gut, aber in einer Krise, bei besonderen Belastungen fehlt plötzlich die Substanz.

Was das bedeutet, konnte man auf bedrückende Weise zu Beginn der Coronakrise im Frühjahr 2020 beobachten. Es dauerte nur wenige Wochen, bis sich bei den ersten nicht nur fehlende Reserven im finanziellen Bereich zeigten, sondern bald noch deutlicher im spirituellen. Eine längere Phase von Anstrengungen, Unsicherheit und Ängsten – und nichts war da, um sich zu trösten, zu beruhigen und zu ermutigen. Bestürzend die Zahl an Verwandten, Freunden und Kollegen, die in Verschwörungstheorien oder totalitären Ideologien, links wie rechts, nach Erklärungen, Halt und Richtung suchten. Diese Suche soll nicht abgewertet werden. Sie zeigt elementare Bedürfnisse, die nicht (mehr) gestillt sind.

Ebenso groß war die Verunsicherung nach dem Beginn des Ukrainekrieges mitsamt all den vielen damit verbundenen Ängsten und Sorgen – die mögliche Ausdehnung der Kämpfe in weitere Länder, eine neue atomare Bedrohung, wieder eine Flüchtlingskrise, Inflation.

Aber auch im persönlichen Bereich geraten wir in Krisen, die eigentlich normale und erwartbare Herausforderungen des Lebens sind: berufliche und private Misserfolge, Einsamkeit, Trennungen, Verluste, Krankheit und Tod.

Will man den Statistiken glauben, ist heute jeder überlastet: Mitarbeiter und Chefs, Schüler und Lehrer, Kinder und Eltern, Frauen und Männer. Die Fehlzeiten aufgrund von Depressionen sowie Angst- und Belastungsstörungen steigen seit vielen Jahren. Längst sind sie die zweithäufigste Ursache für Krankschreibungen, führen auch zu den längsten Ausfällen. Wenn uns schon der Alltag so zu überfordern scheint, wo sollen dann noch Reserven für Krisen sein?

Eine geklärte Spiritualität löst nicht sämtliche Probleme, bietet aber in sich stimmige, lange bewährte Konzepte, Methoden und Praktiken dagegen an – und aus christlicher Sicht auch Gottes Hilfe. Man muss damit weder alles allein schaffen noch wissen.

»Ich habe oft gesehen, dass Menschen neurotisch werden, wenn sie sich mit ungenügenden oder falschen Antworten auf die Fragen des Lebens begnügen. Sie suchen Stellung, Ehe, Reputation und äußeren Erfolg und Geld und bleiben unglücklich und neurotisch, auch wenn sie erlangt haben, was sie suchten«, schrieb der große Schweizer Psychiater Carl Gustav Jung (1875 bis 1961), als er die Bilanz seiner Forschungen zusammenfasste. »Solche Menschen stecken meist in einer zu großen geistigen Enge. Ihr Leben hat keinen genügenden Inhalt, keinen Sinn. Wenn sie sich zu einer umfassenderen Persönlichkeit entwickeln können, hört meist auch die Neurose auf.«[2]

Jungs ehemaliges Wohnhaus, heute ein Museum, steht in Küsnacht am Zürichsee, nur wenige Kilometer von meinem Büro entfernt. Manchmal spaziere ich zu seinem Garten, der öffentlich zugänglich ist. »Gerufen und nicht gerufen wird Gott da sein« steht dort auf Latein über dem Hausportal. Noch zu Lebzeiten erklärte Jung die Gravur, die er selbst beauftragt hatte: »Es ist ein delphisches Orakel und besagt: Ja, Gott wird zur Stelle sein, aber in welcher Gestalt und in welcher Absicht? Ich setzte die Inschrift, um meine Patienten und mich daran zu erinnern: ›Die Furcht des Herrn ist der Weisheit Anfang.‹«

Der prominente Psychiater, Theologe und Autor Manfred Lütz äußerte sich zu einem anderen Aspekt der spirituellen Suche. Ich besuchte ihn einmal in Köln, als er dort noch das Alexianer-Krankenhaus leitete. Er sagte mir: »Es gibt Hirnforscher, die den naiven Eindruck vermitteln, dass unsere seelischen Zustände in Wirklichkeit bloß Neurotransmitterreaktionen im Gehirn seien. Das ist wissenschaftlicher Unsinn. Die biologische Perspektive ist wichtig, aber nur eine von vielen anderen Perspektiven. Wenn ich einen Menschen liebe, wenn ich existenzielle und spirituelle Erlebnisse habe, dann ist das nicht nur Biologie. Natürlich hat jede psychische Funktion ihre biologischen Entsprechungen. Wenn beispielsweise jemand trauert, wird eine bestimmte Hirnregion aktiv. Wenn er Sex hat, betet oder fröhlich ist, sind es jeweils andere. Aber das bedeutet selbstverständlich nicht, dass Sex, Beten oder Freude bloß Hirnaktivitäten sind. Die Seele hat also keinen Ort, sie ist das Lebensprinzip.«[3] Mir gefiel dieser Blick.

WAHRHEIT, DIE NICHT NUR SELBST GEMACHT IST

Eine Welt, die ganz auf Wissenschaft und Technologie gebaut ist und durchaus an unser heutiges Leben erinnert, sah der englische Romancier Edward Morgan Forster bereits 1909 voraus. In seiner futuristischen Kurzgeschichte *Die Maschine steht still* beschreibt er eine Gesellschaft, in der jeder nur noch für sich daheim vor einem Bildschirm sitzt, mit anderen diskutiert und sich selbst darstellt. Alles Praktische erledigen Roboter und automatisierte Lieferdienste. Eigene Erfahrungen gelten als zweifelhaft, man spricht lieber nur noch über das, was andere sagen. Vergessen ist, dass Menschen einst diese Maschinerie gebaut haben. Im Gegenteil: Ihr wird sogar göttliche Macht zugesprochen. Mancher Nutzer betet zu ihr, den Blick ins Anwenderhandbuch gerichtet. Man müsse ihr schließlich dankbar sein, auch wenn sie nicht mehr ganz perfekt laufe. Die Geschichte geht nicht gut aus: Erst bricht die Maschine zusammen, dann die ganze Gesellschaft, die sich auf sie verlassen hat. Doch der Einzelne wird damit wieder frei.

Der christliche Glaube bietet ein grundsätzlich anderes Lebensmodell an, nämlich auf Jesus – statt auf uns und unsere eigenen Leistungen – zu bauen. Er unterscheidet dabei zwischen denen, die ihr Leben auf dem unverrückbaren Fels der Wahrheit errichten, und denen, die es auf dem fließenden Sand der wechselnden Meinungen tun.

Jesus vergleicht diese beiden Lebensformen mit folgenden berühmten Worten: »*Wer diese meine Worte hört und sich nach ihnen richtet, wird am Ende dastehen wie ein kluger Mann, der sein Haus auf felsigen Grund baute. Als dann die Regenflut kam, die Flüsse über die Ufer traten und der Sturm tobte und an dem Haus rüttelte, stürzte es nicht ein, weil es auf Fels gebaut war. Wer dagegen diese meine Worte hört und sich nicht nach ihnen richtet, wird am Ende wie ein Dummkopf dastehen, der sein Haus auf Sand baute«* (Matthäus 7, 24–26)[4].

Sie stehen für einen Anspruch auf echte Wahrheit und sind damit das Gegenteil des modern unverbindlichen: »Tu, was dich glücklich macht«, oder: »Jeder hat doch seine eigene Wahrheit!« Man kann seinen Weg frei wählen, wählt mit ihm aber auch seine Konsequenzen. Wer sich für Jesus entscheidet, der entscheidet sich zusätzlich dafür, nicht mehr alles aus eigener Kraft schaffen zu wollen, sondern auch auf Gottes Hilfe zu vertrauen.

Als ich damals vor vielen Jahren die steile Bergstraße zu den Mammutbäumen im kalifornischen Sequoia-Nationalpark hinauffuhr, hatte ich eine Autokarte bei mir, denn ich war nie zuvor in diesem Teil der Welt gewesen. Heute würde mich das Navi oder mein Smartphone führen. Mithilfe der Karte wusste ich, wie ich am schnellsten mein Ziel erreichen würde, wo lohnende Aussichtspunkte und Rastplätze waren. Aber auch, wo ich vorsichtig sein musste, weil die Straße an Abgründen vorbeiführte oder es in einem einspurigen Tunnel eng werden könnte. Der christliche Glaube ist ein wenig wie eine bewährte, ewig aktuelle Karte für das Leben. Mit ihm ist es in alltäglichen wie unruhigen Zeiten leicht zu wissen, wohin man sich bewegen und wie man sich verhalten sollte, um Abenteuer, Mut und Freiheit zu erleben und sich gleichzeitig vor unnötigen Gefahren zu schützen.

Sie sind dazu eingeladen, Ihre Erfahrungen mit meinen Erfahrungen zu vergleichen, sich zu eigenen Schlüssen und vielleicht manchem Ausprobieren inspirieren zu lassen. Eine kleine praktische Anregung dazu finden Sie am Ende jedes Kapitels.

Eine spirituelle Übung:
Die Atmosphäre einer Kirche spüren

44,9 Millionen Christen (2020) leben in Deutschland, folgen dabei aber unterschiedlichen Überzeugungen, Traditionen und Praktiken. In den Kirchengebäuden drückt sich dieser Reichtum an Perspektiven auf Gott und Jesus architektonisch und künstlerisch aus. Eine kleine Übung bringt Ihnen diese Vielfalt näher. Suchen Sie sich zwei bis drei möglichst unterschiedliche Kirchen – traditionell, modern, klein, groß – in Ihrer Nähe aus (z. B. über Google Maps) und besuchen Sie diese einmal innerhalb einer Woche. Betrachten Sie in Ruhe die Ausgestaltung und lassen Sie sie auf sich wirken. Was spricht Sie an, was passt weniger gut zu Ihnen? Zünden Sie, wenn Sie mögen, vielleicht auch eine Kerze an.

WAHRHEIT 1: DAS LEBEN IST OFT NICHT GERECHT, ABER ES GIBT HOFFNUNG

Als ich mit Freunden über die Idee für dieses Buch sprach, sah ich in vielen Gesichtern eher Skepsis oder sogar Unverständnis. Warum sich mit etwas befassen, das zwischen Arbeit, Partnerschaft, Familie und dem nächsten Urlaub so nebensächlich scheint – bestenfalls eine Privatsache, über die man nicht groß spricht, damit es nicht peinlich wird? Andere waren begeistert und erzählten sofort, wie sich ihre spirituellen oder religiösen Überzeugungen geformt und immer wieder auch verändert hätten.

Der Grund, warum ich meine folgenden Beobachtungen und Anregungen teilen möchte, liegt für mich in einer persönlichen Einsicht: Wie viel leichter sich das Leben verstehen, bewältigen und – in frustrierenden oder schwierigen Phasen – ertragen lässt, wenn man es nicht allein tun muss.

Unzählige Menschen sind mir in den vergangenen Jahrzehnten begegnet, die gewaltige Herausforderungen bewältigt haben. Oftmals weit größere, als ich mir selbst je vorstellen könnte. Fast immer waren das gleichzeitig diejenigen, die ihre eigene Sorgen nur nebenbei erwähnten. Etwas Besonderes trug sie und gab ihnen Kraft: ihr Glauben, dass alles seinen Sinn habe, am Ende gut ausgehen werde – und dass sie nie ganz auf sich gestellt waren.

Zu ihnen gehört eine Frau, ungefähr so alt wie ich, die ich vor etwa vier Jahren kennengelernt habe. Sie hatte sich an unsere Stadtverwaltung gewandt, weil sie »ein wenig Unterstützung« mit ihrem Sohn bräuchte. Ich hatte mich unabhängig von ihr dort als freiwilliger Helfer gemeldet, um einen Beitrag zu leisten, konkret: mich um ein bedürftiges Kind zu kümmern. So wurden wir von der zuständigen Sozialarbeiterin miteinander bekannt gemacht.

Es stellte sich heraus, dass es sich bei der Familie um Kriegsflüchtlinge handelte. Ihr damals elfjähriger Sohn, von Geburt an bereits nicht ganz gesund, hatte durch einen Unfall zusätzlich schwere Verbrennungen am ganzen Körper erlitten und benötigt seitdem ständige medizinische Hilfe und Pflege, aber auch seelischen Beistand.

Von ihrem Mann hatte sich diese Frau nach einer schwierigen Ehe getrennt, war mit ihren insgesamt zwei Kindern erst in ein Frauenhaus, dann in eine eigene Wohnung gezogen. Sie hatte sich in einem fremden Land zurechtgefunden, Deutsch gelernt, den Führerschein gemacht, eine Arbeit gefunden. Aber oft war es ihr fast zu viel. So wurde ihr Sohn mein Pflegesohn, ganz offiziell mit Vertrag. Ich kümmere mich seitdem an den Wochenenden um ihn, damit sich seine Mutter erholen, etwas erledigen oder mit ihrer Tochter unternehmen kann. So treffen wir uns alle seitdem wöchentlich.

Diese Frau, die in ihrem Leben so viele Ungerechtigkeiten erfahren hat, begegnet mir dabei immer mit einem Lächeln, ist aufmerksam und fürsorglich, auch wenn es ihr oft an etwas fehlt und etwas sie belastet. Niemals habe ich ein schlechtes Wort oder eine Anklage von ihr gehört, obwohl sie sicher viele Gründe dafür hätte. Sie betet täglich und hält auch ihre Kinder dazu an. Sie tut, was ihr möglich ist, und vertraut ansonsten darauf, dass sie und ihre Familie immer Hilfe bekommen und nie ganz alleingelassen werden. Das Leben hat sie dadurch nicht hart gemacht, sondern stark.

WENN DAS LEBEN NICHT SO IST, WIE ES SEIN SOLLTE

Ist man selbst erst einmal über 40 und hat schon einiges gesehen und erlebt, kommt einem nach den eigenen großen Enttäuschungen eine ernüchternde Erkenntnis: Das Leben ist gar nicht so, wie immer behauptet wurde und wie es sein sollte. Es ist nicht gerecht. Guten Menschen geht es oft gar nicht gut, schlechten dagegen manchmal durchaus nicht schlecht. Offensichtliches Unrecht, etwa, sich auf Kosten anderer zu bereichern oder sie gar zu unterdrücken, scheint sich sogar noch auszuzahlen.

Bald liegt der verbitterte Schluss nahe: Lohnt es sich überhaupt, ein guter Mensch zu sein? Je nachdem, wie idealistisch man einmal war, kann die Enttäuschung umfassend sein. Sie führt gleichzeitig zur ersten Wahrheit: Das Leben ist oft nicht gerecht – aber es gibt Hoffnung. Das setzt jedoch voraus, langfristig und über sich hinauszudenken. Auf eine andere Art Gerechtigkeit als bisher vertrauen zu lernen.

Im Coaching beginnt diese Überlegung meist damit, dass etwas, das den eigenen Ambitionen zuwiderläuft, als *ungerecht* empfunden wird. Eine erhoffte Beförderung oder Gehaltserhöhung bleibt beispielsweise aus oder – schlimmer noch – geht an jemanden, von dem man meint, dass er sie sicher nicht verdient habe. Gelegentlich verfestigt und erweitert sich diese Enttäuschung zu dem Eindruck, zu einer grundsätzlich ungerecht behandelten Gruppe (z. B. Junge, Alte, Frauen, Männer) zu gehören.

Eine viel tiefer empfundene Ungerechtigkeit, etwa nach mehreren Schicksalsschlägen, kommt dagegen deutlich seltener zur Sprache. Weil die Schuldfrage unklarer, manches auch schon verarbeitet oder zumindest verdrängt ist. Als Coach begleite ich immer die praktischen Bemühungen, die eigene Lage zu verbessern. Dazu rege ich aber auch an, die bisherigen Annahmen, wie das Leben eigentlich so ist oder sein sollte, zu überdenken.

Dazu möchte ich die Geschichte einer guten Freundin erzählen, die ich seit mehr als 35 Jahren kenne. Wir trafen uns das erste Mal, als wir beide 13 Jahre alt waren. Ich hatte wegen eines Umzugs die Schule gewechselt. Sie saß in der neuen Klasse hinter mir. Bald fiel mir auf, wie angespannt sie war. Regelmäßig stritt sie sich mit Lehrern, schleuderte manchmal wutentbrannt ihre Tasche in die Ecke und stürmte aus dem Zimmer. Gleichzeitig gab es

Lehrer, die sie so sahen, wie sie war: nämlich ein liebes, temperamentvolles Mädchen, das sich oft angegriffen und missverstanden fühlte und danach sehnte, akzeptiert und angenommen zu werden.

Gelegentlich besuchte ich meine neue Mitschülerin nach unserem Unterricht daheim in dem Hochhaus, in dem sie mit ihrer Familie lebte. Ihr Vater war Schweißer, ihre Mutter Küchenhilfe. Beide waren freundlich zu mir, aber ich empfand die Stimmung als angespannt, ohne erklären zu können, warum. Mir fiel auch auf, dass auf dem Tisch ihres Vaters immer Bierflaschen standen und dass meine Mitschülerin jeden Tag dieselbe Hose trug. Später erzählte sie mir einmal, dass sie die Hose – die einzige, die ihr gefiel – jeden Abend wusch und aufhängte, damit sie am Morgen wieder trocken und sauber war.

Dem Unterricht zu folgen fiel ihr schwer. Nicht, weil sie nicht intelligent, sondern weil sie belastet und abgelenkt war. Sie verließ die Schule mit einem schwachen Zeugnis und arbeitete anschließend viele Jahre als Näherin in einer Textilfabrik. Trafen wir uns in dieser Zeit wieder, erzählte sie von den immer höheren Anforderungen im Akkord, der billigeren Konkurrenz im Ausland und dass immer mehr frühere Kolleginnen durch Gastarbeiterinnen ersetzt worden waren. Mit einigen verstand sie sich sehr gut. Sie ersetzten ihr erkennbar die familiäre Wärme, die ihr fehlte. Stolz war sie andererseits auf ihre erste Wohnung und ihr Auto, mit dem sie nun zur Arbeit fahren konnte.

Als sie 24 Jahre alt war, starb ihre Mutter völlig unerwartet an Krebs, zwei Monate nach der Diagnose. Zu diesem Zeitpunkt pflegte meine ehemalige Mitschülerin bereits ihren Vater, der inzwischen schwer zuckerkrank war. Sie versorgte ihn 14 Jahre lang bis zu seinem ebenfalls frühen Tod. Erst danach, nun schon Mitte 30, fand sie überhaupt den Mut, mehr an sich zu denken. Sie traf häufiger Freunde und erlaubte sich einige Reisen, entdeckte beispielsweise das Wandern und die Berge für sich.

Schließlich tat sie etwas, das ihr vorher unvorstellbar erschienen war: Sie kündigte ihre stumpfsinnige, aber immerhin sichere Stelle in der Fabrik, schloss eine Umschulung ab und eröffnete eine eigene Praxis für medizinische Fußpflege. Die langjährige Pflege ihres Vaters hatte sie dazu motiviert, nun anderen ähnlich wie ihm zu helfen und sich damit selbst eine neue Existenz aufzubauen.

Im vergangenen Sommer besuchte ich sie in ihrer Praxis. Ihren Namen gedruckt auf ihrem Praxisschild am Eingang zu lesen berührte mich. Meine ungestüme, rebellische Mitschülerin von einst mit ihren vielen Schwierigkeiten in der Schule war jetzt tatsächlich eine Unternehmerin.

Sie führte mich durch die hellen Praxisräume und zeigte mir danach ihre neue Wohnung, die sie liebevoll eingerichtet hatte – viel schöner und wärmer, als sie selbst aufgewachsen war. An einer Wand sah ich gerahmte Porträtfotos ihrer Eltern. Sie sprach respektvoll von ihnen, und wir erinnerten uns an die vergangenen Zeiten. Später bestand sie darauf, mich zum Essen einzuladen, und hatte sogar schon in einem Gartenrestaurant für uns reserviert. Mitten im Gespräch sagte sie plötzlich und unerwartet, dass sie sich Vorwürfe mache, keine gute Tochter gewesen zu sein:»Ich war oft gemein zu meiner Mutter, obwohl sie so viel für mich getan hat. Jetzt, da sie nicht mehr bei uns ist, bereue ich es unendlich, dass ich mich nicht mehr mit ihr aussprechen konnte.« Ich sah sie betroffen an, für einen Moment sprachlos. Es erschütterte mich, dass sie sich – nach all den schwierigen Jahren und all dem, was sie für ihre Eltern getan hatte – noch mit Schuldgefühlen quälte, für die es kaum einen Grund gab.

NICHT JEDER BEKOMMT SOFORT, WAS ER VERDIENT

Grundsätzlich wollen wir alle ganz uneigennützig sein, immer das Gute tun und das Schlechte meiden. Insgeheim vergleichen wir aber doch: Lohnen sich die eigenen Anstrengungen und so mancher Verzicht? Das ist nur menschlich. Jedem wird bei dieser Abwägung aber einmal klar: So eindeutig ist das nicht. Aus der persönlichen Erfahrung, aber auch durch die Beobachtung anderer Lebenswege lässt sich sagen: Nicht jeder bekommt, was er verdient hat – weder im Guten wie im Schlechten. Hatte man heimlich darauf gehofft, für die eigenen Mühen belohnt zu werden, ist das eine enttäuschende Erkenntnis. Ebenso, wenn man schlechte Menschen scheitern sehen wollte, aber feststellen muss, dass das zumindest bisher ausgeblieben ist, vielleicht sogar nie eintritt.

Bei dieser Vorstellung schwingt vage das Konzept von *Karma* mit, wie es landläufig verstanden wird: dass gute Menschen umgehend für ihre Taten belohnt werden, böse Menschen dagegen bestraft. Zwar sagt man manchmal triumphierend »Karma!«, wenn jemand für sein Verhalten scheinbar vom Leben direkt die Quittung bekommen hat. Aber mit ein wenig Realitätssinn muss man sich eingestehen, dass solch ein direktes Resultat die seltene Ausnahme ist. Entweder reagiert das Leben also völlig wahllos – oder alles ist leider ein wenig komplizierter, als man es sich wünschen würde.

Eine Schwierigkeit liegt darin, dass *Gerechtigkeit* gar kein so klarer Begriff ist, wie es auf den ersten Blick scheint. Es wurde und wird bis heute ganz unterschiedlich verstanden, was angeblich gerecht sei. Wenn Leistung und Gegenleistung übereinstimmen? Wenn alle unabhängig von ihrer Leistung das Gleiche erhalten? Oder besser gestaffelt nach bestimmten Kriterien? Oft zeigt schon die Logik die Grenzen der Gerechtigkeit auf. So kann beispielsweise nie jeder Führungspositionen bekommen, der es verdient hätte, weil deren Zahl in jeder Organisation begrenzt und insgesamt niedrig ist. Im besten Fall kann man das durch eine Inflation der Stellentitel ein wenig kaschieren, indem man etwa jeden Sachbearbeiter zu einem *Manager* erklärt, wie es heute vielfach üblich ist.

Ein anderes Beispiel, warum es nie vollständige Gerechtigkeit geben kann, auch wenn wir uns das wünschen: Wenn Armut statistisch definiert ist – in der EU gilt als arm, wer über weniger als 60 Prozent des mittleren Einkommens verfügt –, wird immer jemand in dieser Kategorie sein, solange es keine Einheitslöhne gibt.

Wegen dieses unausweichlichen Dilemmas verlagern sich die Bemühungen, Gerechtigkeit für alle zu schaffen, bald ins Grundsätzliche und Abstrakte: Statistiken, Etats und Verteilungsquoten suggerieren, das Versprechen nun endlich einzulösen, das individuell nicht zu halten war. Dahinter steht auch ein wenig emotionaler Selbstschutz. Wer sich all die Ungerechtigkeiten des Lebens wirklich einzeln anschauen würde, müsste angesichts ihrer Zahl und unserer weitgehenden Machtlosigkeit verzweifeln.

GERECHTIGKEIT UND REALISMUS

Der christliche Glaube stellt die Realitäten ungeschönt fest: dass Gott – und damit unser Leben – erkennbar nicht auf die Weise gerecht ist, wie wir es uns wünschen. Die Bibel drückt diese Beobachtung, die so alt wie die Menschheit ist, so aus: *»Denn er lässt seine Sonne scheinen auf böse Menschen wie auf gute, und er lässt es regnen auf alle, ob sie ihn ehren oder verachten«* (Matthäus 5, 45). *»Alle trifft das gleiche Schicksal, ob sie nun Gottes Gebote befolgen oder sie*

(»selber schuld«), sondern um eine realistische, ehrliche Sicht auf das Menschsein: Wir tun alle sowohl Gutes wie Schlechtes, wenn auch in individuell sehr unterschiedlichem Maße.

Wer die Lebensgeschichte von Jesus liest, wie sie die Bibel in den Büchern *Matthäus, Markus, Lukas* und *Johannes* aus vier Perspektiven schildert, der erfährt von dem einzigen Menschen, der perfekt gelebt und gehandelt hat. So, wie es keinem von uns möglich ist. Trotzdem war er empörenden Ungerechtigkeiten bis hin zu seiner Kreuzigung ausgesetzt, behielt aber sein Vertrauen auf letztendliche Gerechtigkeit. Das zeigt sich in seinen letzten Worten, bevor sein irdisches Leben zu Ende ging: »*Vater, ich gebe mein Leben in deine Hände!*« (Lukas 23, 46). Seine spätere Auferstehung, also der Triumph über den Tod, ist dadurch ein ewiges Hoffnungsbild für alle, die Ungerechtigkeiten ertragen müssen: Jesus kennt unsere Empörung und unseren Schmerz. Aber die Geschichte ist damit nicht zu Ende: Am Ende siegt durch ihn das Gute.

Die Hoffnung der Aufklärung, dass Technik, Wissenschaft und Bildung die Menschen bereits besser machen würden, ist bis heute populär, aber nach bisheriger Erfahrung wenig begründet. Ich denke da beispielsweise an die Euphorie nach dem Start des Internets und speziell von Social Media. Dass von einigen prognostiziert wurde, wie viel empathischer, klüger und gebildeter wir alle nun werden würden – und die eher durchwachsene Bilanz aus heutiger Sicht.

Die äußeren Umstände verändern zwar unsere Lebenswelt, aber nicht unsere eigene Natur. Selbst bei größter Belehrung, ständiger Überwachung und Unterdrückung, wie sie in totalitären Staaten üblich ist, können Menschen zwischen Gut und Böse wählen, und oft wird es Letzteres sein. Die Erde wird nie vollkommen gerecht sein, auch wenn immer neue Ideologien das versprechen. Das Böse ist und bleibt in der Welt, weil es – neben dem Guten – leider in uns Menschen selbst verwurzelt ist.

Gegen diese Realität sollte keiner anrennen, sich aber auch nicht Zynismus oder Hoffnungslosigkeit ergeben. Ansonsten führt die Enttäuschung, nie völlige Gerechtigkeit auf Erden zu erreichen, nur zu Verbitterung und Missgunst. Manchmal auch zum Fanatismus, um vielleicht mit Druck oder Gewalt zu erzwingen, was anders nicht funktioniert hat. Dabei ließe sich bereits so vieles erreichen und verbessern.

ERST STABILISIEREN, DANN REFLEKTIEREN

Wenn Sie gerade Ungerechtigkeit erleben müssen und es Ihnen nicht gut geht, halten Sie sich nicht ewig mit Grundsatzdebatten und theoretischen Überlegungen auf, wie die Welt eigentlich sein sollte. Kümmern Sie sich ganz praktisch darum, dass es Ihnen besser geht. Je nach Situation kann das zuerst bedeuten, dass Sie Schutz, Ruhe und Sicherheit suchen, Ihr Einkommen verbessern (z. B. durch einen Nebenjob oder eine Weiterbildung, die Ihnen neue berufliche Chancen eröffnet), eine neue Unterkunft finden, einen Anwalt oder eine notwendige Behandlung bezahlen. Alles, was Sie in dieser Phase ablenkt, etwa ewiges Schimpfen und Diskutieren, schadet Ihnen. Die Schuldfrage muss warten, bis Sie sich stabilisiert haben, wenn sie überhaupt je zu beantworten ist.

Manchmal empfiehlt es sich, mithilfe der Justizbehörden oder eines Anwaltes etwas gegen eine Person zu unternehmen, die Ihnen unrecht getan hat. Häufiger aber bewegt sich Unrecht im persönlichen, so nicht fassbaren Bereich. Sie können den anderen gleichwohl darauf ansprechen, die Folgen seiner Entscheidungen auf Sie erklären, einen Ausgleich oder wenigstens eine Entschuldigung einfordern. Tun Sie das aber so, wie Sie selbst behandelt werden wollten, wenn Sie einen gravierenden Fehler gemacht hätten. »*Verurteilt nicht andere, damit Gott nicht euch verurteilt! Denn euer Urteil wird auf euch zurückfallen, und ihr werdet mit demselben Maß gemessen werden, das ihr bei anderen anlegt*« (Matthäus 7, 1–2). Vergeben Sie großherzig und halten Sie sich nicht ewig mit Wut, Trauer oder Rachegedanken auf. Überlassen Sie das letzte Urteil Gott.

Kleinigkeiten helfen

Erkennen Sie, dass andere Ungerechtigkeiten erleiden müssen, tun Sie möglichst wenigstens eine Kleinigkeit, um die Lage des Betroffenen praktisch zu verbessern. Widerstehen Sie der Versuchung, gleich die ganze Welt umstürzen und verbessern zu wollen. Sie würden wenig erreichen, schnell ins Generelle abdriften (»die Strukturen«, »das System«) und am Ende enttäuscht und verbittert zurückbleiben.

Sie tun bereits sehr viel für eine bessere Welt, wenn Sie auch nur einer Person gelegentlich aufmerksam und mitfühlend zuhören, sie bei Bedarf bei einem Behördengang begleiten, eine Erledigung übernehmen oder eine finanzielle Last mittragen. Auch wenn Sie davon berührt werden, was anderen Menschen zugestoßen ist: Machen Sie nur Zusagen, die Sie halten können und die Sie selbst nicht überfordern. Wenn eine gesellschaftliche Initiative, z. B. eine Partei, ein gemeinnütziger Verein oder eine NGO aus Ihrer Sicht bestimmte Aspekte der Welt gerechter machen könnte, beteiligen Sie sich oder gründen Sie selbst eine derartige Initiative.

Auf Gott vertrauen

Wer die Wahrheit annimmt, dass das Leben zwar oft nicht gerecht ist, es aber immer Hoffnung gibt, lebt leichter. Er reibt sich nicht mehr an unbeantwortbaren Schuldfragen – wer hat was verdient? – oder Grundsatzdiskussionen auf. Wer auf Gott als letzten Richter vertraut, ersetzt nicht einen enttäuschten Idealismus mit dem nächsten, dass es nämlich doch eine ganz gerechte Erde geben könnte, sondern denkt langfristiger und über die eigene Perspektive hinaus. Es ist sogar die Einsicht möglich: »Was wäre, wenn mir das zugestoßen ist, weil es für meine Entwicklung wichtig war?« Was nichts anderes heißt als: die schwierige Erfahrung anzunehmen wegen dem, was man daraus gelernt hat. Die meisten Menschen sind nicht entweder böse oder gut, sondern eine Mischung aus beidem. Sie können sich auch ändern. Daher sollte das letzte Urteil über andere bei Gott liegen, auch wenn wir versucht sind, schnell ein eigenes zu fällen. Doch Gott sagt: »*Ich urteile anders als die Menschen. Ein Mensch sieht, was in die Augen fällt; ich aber sehe ins Herz*« (1. Samuel 16, 7). Manchem wird dieses Abwarten ungerecht erscheinen. Dazu habe ich einmal einen klugen Ausspruch gelesen: Wir wollen alle unbedingt Gerechtigkeit, bis wir selbst einmal Gnade, also unverdiente Nachsicht brauchen.

Neu angefangen

Die Mutter meines Pflegesohnes hat inzwischen ihre Einbürgerung erreicht und lernt gerade für eine zusätzliche Zertifizierung im Pflegebereich, um danach in einem Altenheim arbeiten zu können. Ihr Sohn wird im Herbst auf eine berufsvorbereitende Förderschule wechseln. Ihre Tochter, die in einer Apotheke gelernt und gearbeitet hat, will studieren. Meine ehemalige Mitschülerin ist eine lebenskluge, praktische und warmherzige Frau geworden.

Ich bin sicher, dass ihre Eltern – wenn sie sie heute sehen können – sehr stolz auf sie sind. Sie alle sind, trotz oder gerade wegen der Ungerechtigkeiten des Lebens, die sie erfahren mussten, über sich hinausgewachsen.

Eine spirituelle Übung:
Für jemanden beten, der Ihnen geschadet hat

Es ist für Ihre Lebensqualität wichtig, sich nach erlebten Ungerechtigkeiten auch wieder davon zu lösen. Diese Übung kann Ihnen dabei helfen. Sprechen Sie ein Gebet für den Menschen, der Sie verletzt oder Ihnen geschadet hat. Sprechen Sie es für sich allein zu Hause, draußen während eines Spaziergangs oder in einer Kirche, wenn Ihnen das lieber ist. Drücken Sie dabei Ihre Verletzung, Wut oder Verärgerung aus. Bitten Sie Gott darum, dass er Ihnen Großzügigkeit und Kraft schenkt. Sie könnten ihn anschließend auch darum bitten, die andere Person zu verändern, einsichtig zu machen und dass es ihr trotz allem gut gehen möge. Belassen Sie es dabei – alles Weitere ist nicht mehr Ihre Sache und sollte sie nicht weiter belasten.

WAHRHEIT 2: SIE KÖNNEN NICHT ALLES ERREICHEN, ABER DAS BRAUCHT ES GAR NICHT

Vor einigen Jahren arbeitete ich als Coach mit einer Klientin aus dem Technologiesektor zusammen, die es in einem Start-up bis in den Vorstand geschafft hatte. Mit Anfang 40 fühlte sie sich jedoch so erschöpft von ihrer Arbeitsbelastung und den internen Streitigkeiten, dass sie sich erst für mehrere Monate krankschreiben ließ, dann mit einer Aufhebungsvereinbarung ausschied, ohne eine andere Stelle in Aussicht zu haben. In unserem Gespräch machte sie gleich am Anfang klar, dass sie keinesfalls wieder in ein ähnliches Umfeld zurückwolle, auch wenn ihr bisher keine Alternative einfiel. Sie hatte nicht mehr die Kraft ihrer jungen Jahre. Die Schwerpunkte ihrer bisherigen Berufstätigkeit – Strategie, Produkte, Verkaufszahlen – interessierten sie nicht mehr. »War es ein Fehler gewesen, sich ganz auf die Karriere zu konzentrieren?«, fragte sie sich stattdessen, ohne eine Antwort zu finden. »Ist es jetzt zu spät für einen anderen Weg?« Ihre bisherigen Anstrengungen erschienen ihr nun sinnlos, verlorene Lebenszeit, die sich nicht mehr zurückholen ließ. Sie lebte allein, ihr fehlte eine Familie. Trotz einiger mehrjähriger Beziehungen hatte sie nie geheiratet, für eigene Kinder war es nun zu spät. Wir sprachen über mögliche Alternativen, etwa die Suche nach einem Partner mit Kindern, ein Engagement als Mentorin oder ein Ehrenamt in einem Verein, der sich um Kinder kümmerte. Doch ein Ersatz war das aus ihrer Sicht nicht. Diese erfolgreiche Frau zog die bedrückende Bilanz, es »zu nicht viel gebracht« zu haben.

ABSCHIED NEHMEN VON MANCHEM LEBENSTRAUM

Die Einsicht, einen Lebenstraum jüngerer Jahre nicht erreicht zu haben – und realistisch gesehen auch nie mehr zu erreichen –, ist ernüchternd. Dabei handelt es sich oft um berufliche oder finanzielle Ziele, etwa eine angestrebte Führungsposition oder ein bestimmtes Einkommen, das man einmal erzielen wollte. Manchmal aber auch etwas, das damals als selbstverständlich erwartet und eingeplant wurde, etwa eine glückliche Beziehung und Kinder. Spätestens im mittleren Lebensalter, häufig schon mit Anfang bis Mitte 40, muss sich jeder eingestehen, einiges davon trotz aller Bemühungen nicht geschafft zu haben. Die zweite Wahrheit des Lebens lautet daher: Sie können nicht alles erreichen, aber das braucht es gar nicht. Selbst wenn Ihr Weg anders als erhofft verlaufen ist, gibt es Gründe, dankbar und zufrieden zurückzublicken.

Als Coach unterstütze und begleite ich Menschen, die noch nicht erreicht haben, was sie sich wünschen, aber daran arbeiten wollten. Dabei lässt sich gut beobachten, wie sich das Herangehen mit dem Lebensalter verändert. In jungen Jahren sind die persönlichen Ziele oft noch ganz vage – oder gleich maximal (z. B. »Mit 35 will ich finanziell unabhängig sein«). Mit beiden Ansätzen ist es unwahrscheinlich, sie zu erreichen. Das wird im mittleren Lebensalter erkannt, führt dann aber häufig zu der Schlussfolgerung, dass man sich jetzt doppelt anstrengen müsse. Das funktioniert nur teilweise. Einiges erreicht man, anderes trotz aller Bemühungen nicht. Deshalb resigniert mancher, wird ängstlich und arrangiert sich mit den Umständen. Ich rege an, all diese Überreaktionen zu überdenken, und empfehle, in jungen Jahren flexibler zu planen und im mittleren Lebensalter selektiver vorzugehen, also Schwerpunkte zu setzen und dafür auf anderes zu verzichten. Im höheren Alter lohnt es sich dagegen oft, noch einmal mutiger zu werden.

Es gäbe viele interessante Geschichten zu erzählen, wie verschlungen Lebenswege oft verlaufen und wie wenig erfolgversprechend es deshalb ist, sie als lineare Entwicklung vorab genau planen zu wollen. Ein langjähriger Freund hatte sich beispielsweise schon in seiner Abiturzeit vorgenommen, einmal Marketingleiter zu werden, am besten für eine Modemarke oder im Sportbereich, weil er sich für Werbung und die Psychologie dahinter interessierte. Seine Mutter war Praxishelferin, sein Vater in einem Handwerksbetrieb tätig. Er war der Erste in der Familie, der studierte.

An den Wochenenden jobbte er in einem Supermarkt, um

sich sein Zimmer in der Universitätsstadt leisten zu können. Daneben lernte er Spanisch, weil er Kultur und Küche des Landes mochte und davon träumte, einmal dorthin auszuwandern. Mit einem sehr guten Bachelorabschluss in Betriebswirtschaft und Marketing schien er seinem Lebenstraum das entscheidende Stück näher gekommen zu sein.

Kurz darauf wurde seine Mutter von einem Auto angefahren. Sie erlitt komplizierte Verletzungen und fand sich in einem langwierigen, teuren Rechtsstreit mit der Versicherung wieder, die nicht für die Behandlungskosten und das verlorene Einkommen aufkommen wollte. Er zog, da sich seine Eltern inzwischen getrennt hatten, zurück in seine Heimatstadt, um seine Mutter zu unterstützen. Er fand nur eine Stelle als Sachbearbeiter bei einer Bank, was kaum seinen Interessen entsprach, und wechselte knapp zwei Jahre später in die Buchhaltung einer Möbelhauskette. Dort war die Bezahlung besser, was ausschlaggebend war: Er hatte seine Ausbildungskosten noch nicht abbezahlt und trug einen Teil der Kosten seiner Mutter mit.

Nach insgesamt fünf Jahren – er hatte berufsbegleitend nun auch noch eine juristische Weiterbildung abgeschlossen, mit der er sich bessere Verdienstchancen erhoffte – wechselte er zweimal unfreiwillig den Arbeitgeber. Einmal musste die Firma kurz nach seiner Einstellung Stellen streichen, darunter seine. Bei der nächsten war der Vertrag nur befristet. Schließlich fand er sich in der Vertragsabteilung einer Zeitarbeitsfirma wieder. Das war interessant und relativ sicher, aber auch anstrengend und nur mäßig bezahlt. Er war nun Mitte 30, nicht wie erwartet Marketing-leiter in einem trendigen Konzern, lebte wieder in seinem Elternhaus und hatte weder Frau noch Familie.

Als seine Mutter ihren Prozess gegen die Versicherung gewonnen hatte und auch wieder arbeiten konnte, hätte er in die Großstadt zurückziehen können, die ihm einmal gefallen hatte. Aber nun fehlten ihm dafür Mut und Kraft. Er ärgerte sich selbst darüber, dass er so »passiv« geworden war. Seine Mutter, mit der er nun manchmal stritt, drängte ihn, mehr auszugehen und sich eine Freundin zu suchen. Doch inzwischen freute er sich nach der Arbeit nur noch auf Netflix und wollte seine Ruhe. Sein Leben war immer anstrengend gewesen, er war zwar noch jung, fühlte sich aber manchmal ziemlich alt und müde.

LEBENSTRÄUME UND WIE SIE SICH (NICHT) ERFÜLLEN

Die meisten Lebensziele werden gesetzt, ohne dass man dabei genau weiß, was sie wirklich bedeuten – und wie man sie empfinden würde, wenn man sie tatsächlich erreichen würde. Das gilt für die Entscheidung für eine Ausbildung oder ein Studium genauso wie für die Familiengründung. Man weiß nicht wirklich, worauf man sich einlässt – oder was man sich überhaupt wünscht. Mögliche Schwierigkeiten werden unterschätzt, die Erwartungen zu hoch gesteckt. Legendäre Persönlichkeiten – Walt Disney, Steve Jobs oder Elon Musk – werden überall als Vorbilder dargestellt, als ob sich deren Lebensleistung von jedem mit genügend Willen nachahmen ließe. Vergleicht man sich dann mit all den großen Unternehmern, Sportlern oder Künstlern, von denen man ständig hört, sieht und liest, scheint die eigene Lebensleistung schnell belanglos und nicht weiter erwähnenswert, fast schon wie ein Versagen. »Du kannst alles erreichen, was du willst« stellt sich regelmäßig als falsches Versprechen heraus (mehr dazu bei Wahrheit 5: Wer die schöne Lüge nicht erkennt, ist schon verloren). In Wahrheit erfüllen sich Lebensträume schon oft – aber anders, als man es sich selbst vorgestellt oder ersehnt hat. Andere werden einfach unwichtig. Fast immer korrigiert das Leben besonders idealistische oder egozentrische Vorstellungen (»Lebe deinen Traum!«), was für keinen angenehm ist. Aber Rückschläge und Scheitern sind wichtige Korrektive und stärken den Charakter. Man stellt als Erwachsener auch mit anfänglicher Verärgerung fest, dass man sich gar nicht immer nur um sich selbst und die eigenen Träume kümmern kann. Partner, Kinder und Eltern melden Ansprüche an, die Arbeit sowieso. All das relativiert viele Ziele der jungen Jahre auf gute Weise und führt im besten Fall zu einem pragmatischen, ganzheitlichen Lebensentwurf. Wer die Hoffnung, wie versprochen »alles erreichen« zu können, nicht aufgeben will, wird unweigerlich ständig enttäuscht. Wartet häufig erst zu lange mit Entscheidungen, etwa bei der Berufs- und Partnerwahl, in der Hoffnung, eine ideale Lösung zu finden, wenn eine pragmatische bereits möglich wäre. Hält dann ewig an etwas fest, das sich längst als aussichtslos herausgestellt hat (»Gib niemals auf!«). Das zeigt sich beispielsweise in Serien von Praktika, immer neuen Weiterbildungen oder in Beziehungen, die nie über ein bestimmtes Stadium hinauskommen. Stellt man dann fest, dass man für manches bald zu alt ist, werden die Entscheidungen auf einmal hektisch (»Torschlusspanik«). Doch ganz lässt sich die Zeit nie aufholen.

PRÜFEN, OB DIE EIGENEN PRIORITÄTEN STIMMEN

Es gilt, die persönlichen Prioritäten zu prüfen und bei Bedarf zu korrigieren. Aus christlicher Sicht vor allem: das eigene Leben zuerst Gott zu widmen, danach der Karriere und dem Geldverdienen. Beide Ziele gleichrangig zu verfolgen geht nicht. In der Bibel steht dazu: *»Niemand kann zwei Herren zugleich dienen. Er wird den einen vernachlässigen und den andern bevorzugen. Er wird dem einen treu sein und den andern hintergehen. Ihr könnt nicht beiden zugleich dienen: Gott und dem Geld«* (Matthäus 6, 24). Das ist kein Plädoyer für ein Leben in Erfolglosigkeit und Armut, sondern für eine Hierarchie: erst Gott, dann die Beziehungen in seinem Geiste (z. B. für den Partner und die Kinder da sein, sich um die Familie kümmern). Geld, Karriere, Reisen usw. sind ebenfalls schön, aber nachrangig.

Aus dieser Einstellung ergibt sich die Fähigkeit, gelassener zu leben und sich nicht von der weitverbreiteten Angst anstecken zu lassen, zu kurz zu kommen. »*Da plagen sich die Menschen und setzen alle ihre Fähigkeiten ein, um sich gegenseitig auszustechen*«, meint die Bibel dazu. »*Letzten Endes kommt nichts dabei heraus. Es heißt zwar: ›Der Unbelehrbare legt seine Hände in den Schoß – und verhungert.‹ Aber ich sage: Eine Hand voll Gelassenheit ist besser als beide Hände voll Mühe und Jagd nach Wind*« (Prediger 4, 4–6). »*Passt euch nicht den Maßstäben dieser Welt an. Lasst euch vielmehr von Gott umwandeln, damit euer ganzes Denken erneuert wird*« (Römer 12, 2).

Berufliche, finanzielle, generell persönliche Ziele sind aus dieser Perspektive also nie Selbstzweck, sondern einem größeren Ziel untergeordnet: ein besserer Mensch zu werden – nach dem Vorbild von Jesus, der das Leben von anderen besser macht und gleichzeitig genießt, was Gott ihm geschenkt hat. Es ist eine Einladung zur Freude im Alltag, nicht nur an einzelnen Wochenend- und Urlaubstagen: »*Darum iss dein Brot und trink deinen Wein und sei fröhlich dabei! So hat es Gott für die Menschen vorgesehen und so gefällt es ihm. Nimm das Leben als ein Fest: Trag immer frisch gewaschene Kleider und sprenge duftendes Öl auf dein Haar! Genieße jeden Tag mit der Frau, die du liebst, solange das Leben dauert, das Gott dir unter der Sonne geschenkt hat (…)*« (Prediger 9, 7–9). Analog gilt das selbstverständlich ebenso für Frauen.

Hauptsächlich seinen Egoismen folgen zu wollen und zu erwarten, dass sich alle anderen danach richten, macht nicht glücklich. Sondern es zeigt sich bald ein Paradoxon: Wer auf diesem Weg weit kommt, wird nicht etwa zufriedener, sondern gelangweilter, kritischer und undankbarer. Die größte Gehaltserhöhung wird zur Selbstverständlichkeit, die schönste Reise zur Gewohnheit. Scheitern manche Ziele, was unvermeidbar ist, folgen die Wut auf andere und die Verbitterung über das vermeintliche eigene Versagen. All das ist jedoch unnötig, wenn Sie Ihren Blick ein wenig ändern. Erfolg zeigt sich deutlich vielfältiger.

TROTZDEM DANKBAR UND ZUFRIEDEN

Beginnen Sie, wenn sich manche Lebensträume für Sie nicht erfüllt haben, immer mit einer positiven Bestandsaufnahme: Was hat gut oder sogar besser funktioniert, als Sie es einmal erwartet haben? Überlegen Sie danach, welche Ziele sich auf andere Weise erfüllt haben, als Sie es eigentlich wollten – und wo es im Rückblick möglicherweise sogar besser war, dass sich Ihre Wünsche nicht verwirklicht haben. Denken Sie danach an erlebte Schwierigkeiten und Enttäuschungen: Was war eine bittere, aber wertvolle Lektion, weil Sie dazugelernt haben, stärker und klarer geworden sind? Das bedeutet nicht, sich alles schönzureden. Es geht vielmehr darum, zu vertrauen, dass sich

Ihr Leben mit einer eigenen Logik entwickelt und Sie, wenn Sie das annehmen können, dabei von Gott begleitet werden. Achten Sie auf wiederkehrende Muster und vermeintliche Zufälle, die sich ähnlich wiederholen: Welche Hinweise erkennen Sie darin? Wenn andere Sie regelmäßig um Rat fragen, sind Sie z. B. möglicherweise für eine beratende Tätigkeit berufen, auch wenn Sie bisher andere Pläne verfolgen. Wenn jemand Sie um Hilfe bittet, obwohl Ihnen das gerade gar nicht passt, dann vielleicht, damit Sie Geduld und Fürsorglichkeit üben und weniger nur um sich selbst kreisen. Seien Sie also offen für eine unerwartete, aber vielleicht bessere Richtung für Ihr Leben. Persönliche Träume erfüllen sich oft später und anders, als man es sich vorgestellt hat.

Ein Gebetstagebuch ist eine gute praktische Methode, das über mehrere Jahre hinweg mitzuverfolgen. Notieren Sie dafür in einem Heftchen mit dem Datum, wofür Sie gebetet haben. Blättern Sie später gelegentlich zurück, um nachzulesen, was Sie einmal bewegt hat und was aus Ihren Gebeten geworden ist. Streichen Sie ab, was sich direkt oder indirekt erfüllt hat. Vermerken Sie auch, was Sie sich inzwischen selbst anders wünschen, wo Sie also umgedacht haben.

Wenn Sie mitansehen müssen, dass jemand anderes – ein Partner, Freund oder Angehöriger – trotz seiner Bemühungen nicht erreicht, was er sich ersehnt, kann das sehr schmerzhaft selbst für Sie sein. Im Gebet ehrlich auszusprechen, was Sie bewegt und was Sie sich für den anderen wünschen, ist ein guter erster Anfang und eröffnet neue Perspektiven.

Ein aufmunterndes Wort kann kurzzeitig helfen: »Du schaffst das«, »Das kriegst du schon hin!«. Dauert die Situation länger an, wirkt das gedankenlos. Sie helfen dann mit Zuhören und einer Beratung, wie realistisch bestimmte Ziele und Pläne sind. Vermeiden Sie dabei einen vorwurfsvollen Ton (»Hast du das schon gemacht?«, »Wieso stellst du dich so an!«). Wenn es Ihnen sinnvoll erscheint, können Sie anbieten, sich auch die Details gemeinsam anzusehen, beispielsweise bei einer Bewerbung das Anschreiben und den Lebenslauf gegenzulesen oder beim Dating einmal einen kritischen Blick auf die Selbstdarstellung im Onlineprofil zu werfen. Schätzen Sie Ihre eigenen Fähigkeiten Ihrem Gegenüber zuliebe aber realistisch ein. Kennen Sie sich mit einem speziellen Thema selbst zu wenig aus, können Sie möglicherweise eine kompetente Beratungs- oder Anlaufstelle empfehlen.

Annehmen, was ist

Wenn Sie die Wahrheit annehmen, dass Sie nicht alles erreichen werden, Sie das aber auch nicht brauchen, gehen Sie gelassener durch Ihr Leben – und genießen es mehr, als immer nur auf ein ewig unerreichbares Ziel hinzuarbeiten. Ihr Leben ist dann nicht eine endlose Aufgabenliste, sondern hat einige Schwerpunkte, und zwar in dieser Reihenfolge: erstens Gott, zweitens die Menschen, die Sie lieben, sowie drittens die Tätigkeiten und Dinge, die Sie mögen.

Geld und Erfolg sind dann zwar notwendige Mittel zum Zweck und eine schöne Bestätigung, mehr aber nicht.

Setzen Sie sich generell nicht zu spezifische langfristige Ziele, sondern legen Sie eher Ihre grundsätzliche Richtung fest. Das gibt Ihnen die Flexibilität, sie auf unterschiedliche Weise zu erreichen, ohne enttäuscht zu sein, wenn Ihr Weg doch anders verläuft. Der Weg – das Erleben allein – ist dabei übrigens nicht das Ziel, sondern: Jesus im Wesen ähnlicher zu werden und so persönlich und spirituell zu wachsen. Oberflächliche Motivationssprüche im Stil von »Du kannst alles schaffen« und »Lebe deinen Traum« können kurzfristig ermutigen, sind aber keinesfalls eine tragfähige Strategie.

Neuanfänge

Meine frühere Klientin, die mit ihrem Managerposten unglücklich war und bereut hatte, keine eigenen Kinder zu haben, machte sich schließlich als Tagesmutter selbstständig. So ist sie nun werktags von Kindern umgeben und gestand mir später einmal, dass sie gar nicht so böse darüber ist, dass sie nachmittags von ihren Eltern wieder abgeholt werden und ihre Wochenenden frei bleiben. Mein Freund, der seiner Mutter nach ihrem Unfall beistehen musste, ringt noch damit, wie es für ihn weitergehen könnte. Er hat einige Ideen, etwa für eine Weiterbildung im Ausland, wohnt aber noch bei ihr.

Eine spirituelle Übung:
Das Auf und Ab Ihrer Lebensreise

Pilgern ist eine bewährte spirituelle Praxis, die auch in Ihrem Alltag möglich und hilfreich ist, um mit etwas Abstand über sich nachzudenken und Gottes Nähe stärker zu spüren. Sie müssen dafür gar nicht weit reisen. Nehmen Sie sich einen halben oder ganzen Tag und gehen Sie ein Stück auf einem Pilgerweg in Ihrer Nähe. Routenvorschläge, etwa zu einer Wallfahrtskapelle oder einem Kloster, finden Sie mit einer Internetsuche. Denken Sie bei den Abschnitten des Weges – ein anstrengender Aufstieg, eine lange, öde Ebene, ein überraschender Ausblick, eine abschüssige Strecke – über Entsprechungen in Ihrer Biografie nach. Bedanken Sie sich am Ziel mit einem kurzen Gebet für das, was in Ihrem Leben trotz allem gelungen ist.

WAHRHEIT 3: LIEBE IST AM WICHTIGSTEN, ABER SIE IST NICHT IMMER NUR ANGENEHM

Fast 60 Jahre waren meine Großeltern, die im nördlichen Ungarn in einem kleinen Bergdorf lebten, miteinander verheiratet. Es war, soweit ich es später erfahren habe, keine Liebeshochzeit. Mein Großvater war ursprünglich mit einer anderen Frau verlobt gewesen, diese Heirat kam nicht zustande. Stattdessen fanden meine späteren Großeltern zueinander, bekamen zwei Söhne und teilten ihr Leben in einem kleinen Häuschen mit Obst- und Gemüsegarten, das sie sich unter großen Entbehrungen zusammengespart hatten. Selbst Shampoo galt als Luxus, Kernseife musste reichen. Um die Einrichtung zu schonen, verbrachten sie die warmen Monate weitgehend in ihrer separaten Gartenküche. So kam es, dass sie ihr Leben lang dieselben Möbel behielten. Wenn sie überhaupt einmal das Dorf verließen, dann reisten sie zu Verwandten – wie das so ist, wenn man eine kleine Landwirtschaft mit Schweinen und Hühnern zu versorgen hat.

Abends saßen meine Großeltern meist zusammen draußen an dem selbst gebauten groben Holztisch neben dem Brunnen. Manchmal kamen Nachbarn auf ein Glas vorbei. Mein Großvater flocht Körbe als Schutz für die Glasballons, in denen er seinen Wein lagerte, legte Mosaikbilder aus verschiedenfarbigen getrockneten Bohnen und malte auch kleine Ikonen, die er verkaufte. Nur kurz ging er abends für eine Viertelstunde ins Haus, um sich die Nachrichten anzuschauen. Meine Großmutter putzte Gemüse oder bereitete die nächsten Mahlzeiten vor, wenn sie sich unterhielten. Beide hatten sich nicht gesucht. Ihre Persönlichkeiten passten nicht besonders zusammen. Als Interessen teilten sie, was eben zu tun war und von ihnen erwartet wurde. Aber sie arrangierten sich miteinander und fanden so die Liebe und das Glück auf ihre Art.

ZUM KLISCHEE GEWORDEN, DOCH MIT WAHREM KERN

Wenn es ein Wort gibt, das so inflationär verwendet wird, dass es völlig zum Klischee geworden ist, dann ist dies sicher die *Liebe*. Ständig wird sie um einen herum behauptet und beschrieben, in Filmen, Serien, Romanen und Theaterstücken vorgeführt. Gleichzeitig scheint sie so selten und flüchtig zu sein, dass viele jahrelang nach ihr suchen, ohne sie je zu finden, oder gar nicht mehr an sie glauben wollen. Die dritte Wahrheit des Lebens verrät den Grund: Liebe ist am wichtigsten, aber nicht immer angenehm und damit oft gar nicht so gefragt wie ständig behauptet. Denn man hat dabei immer mit Menschen zu tun, die nicht nur ausschließlich liebenswert sind, sondern durchaus widersprüchlich. Oft geht es zudem eher um die praktische Tat als um das romantische, leidenschaftliche oder erhebende Gefühl. Mancher begnügt sich deshalb lieber mit Sehnsüchten, um der Realität auszuweichen, wie unvollkommen echte Liebe sein kann.

Ein geteiltes Leben

Denke ich an Liebe, dann beispielsweise an die Partnerschaft meines früheren Vorgesetzten, von der nur wenige Vertraute wussten und von der er mir erst Genaueres erzählte, als wir längst nicht mehr zusammenarbeiteten. Die beiden waren nicht verheiratet, hatten keine Kinder, teilten ihr Leben aber 50 Jahre lang miteinander. Er war 37 Jahre alt und sie 10 Jahre jünger, als sie in einer Kneipe miteinander ins Gespräch kamen, in die beide jeweils mit Kollegen gekommen waren. Das Interesse an Literatur, Politik und Kultur verband sie, ebenso die Freude am Diskutieren. Beide spielten Tennis und fuhren Ski – als Paar regelmäßig gemeinsam. In die Oper oder Philharmonie musste sie dagegen allein oder mit einer Freundin, er bevorzugte Jazz und Kabarett.

Nachdem sie ein Jahr auch zusammengewohnt hatten, stellten sie fest, dass sie dafür nicht gemacht waren. Beide schätzten ihre Unabhängigkeit und liebten ihren Beruf, in den sie viel Zeit investierten. Deshalb entschieden sie sich für getrennte Wohnungen, und so hielten sie es fortan immer. Manchmal lebten sie Hunderte Kilometer voneinander entfernt, wenn es die Arbeit erforderte, und sahen sich nur in großen zeitlichen Abständen. Nachdem beide in die Rente gegangen waren, zogen sie wieder nah zueinander, eine halbe S-Bahn-Stunde entfernt.

Sie war sein Trost, als seine Mutter durch eine Demenzerkrankung ging und starb. Er stand ihr bei, als sie jahrelange Probleme am Arbeitsplatz belasteten, und später, als sie zweimal gegen den Brustkrebs kämpfte.

Immer rief sie ihn morgens gegen zehn Uhr an, um ihm einen schönen Tag zu wünschen. Er meldete sich gegen 20 Uhr für einen Gutenachtgruß zurück. Dazwischen griffen sie manchmal noch drei, vier Mal zum Telefon, um sich zu erzählen, was sie gerade gehört, gelesen oder erlebt hatten.

Vor zwei Jahren kehrte ihr Krebs zurück, und sie entschied sich diesmal gegen eine erneute Chemotherapie. Ihre letzten Wochen verbrachte sie in einem Hospiz. Er besuchte sie täglich und ließ sich, als der Abschied absehbar wurde, ein Bett in ihr Zimmer schieben, um an ihrer Seite zu übernachten. Es war das erste Mal seit ihren Jugendjahren, dass sie noch einmal ganz zusammenlebten. In ihrer letzten Nacht wachte er auf, weil sie ihm im Traum erschienen war – es war der Moment, in dem sie gestorben war. Er ließ sie einäschern, wie sie es sich gewünscht hatte, und fuhr mit ihrer Urne hinaus auf die Nordsee, die beide immer geliebt und oft besucht hatten, um ihre Asche vor Helgoland verstreuen zu lassen. Häufig will er tagsüber noch immer zum Telefon greifen, um sie kurz anzurufen, wie er mir kürzlich einmal erzählte. Doch ihre Nummer ist inzwischen abgemeldet. Es war nie eine konventionelle Beziehung, doch immer eine große Liebe, und es bleibt die Hoffnung, sich einmal wiederzusehen.

MENSCHEN LIEBEN LERNEN, DIE NICHT NUR EINFACH SIND

Niemand bestreitet wohl, dass die Liebe am wichtigsten ist – zumindest theoretisch. Selbst die abgeklärtesten Zyniker, die angeblich »niemanden brauchen«, suchen insgeheim meist doch weiter noch nach ihr. Doch bald muss man ernüchtert feststellen, dass man dabei immer auf Menschen trifft, die auch schwierige Seiten und Phasen haben. Manchmal liegt es in deren Wesen, oft an den Umständen (z. B. Krankheit, Arbeitslosigkeit). Auch die Beziehung selbst ist oft nicht so, wie man es sich einmal ausgemalt hat. Sie kann leidenschaftlich beginnen, aber auch freundschaftlich ohne viel Aufregung, mal ganz eng sein, sich dann wieder distanziert, gar fremd anfühlen. Bald wächst der Zweifel – ist er der bzw. sie die wirklich Richtige? Es fing gut an, aber nun ist der andere ständig überarbeitet, müde, mit seinen Gedanken woanders und mit eigenen Sorgen beschäftigt. Dann wird Lieben plötzlich Mühe. Also ein neuer Versuch, wieder von vorn mit jemand anderem. Nach einigen Runden scheint es, als ob es niemand Passenden gäbe. Jeder (potenzielle) Partner stellt sich als

Mängelexemplar heraus, am Ende ist man selbst auch eines. Will man es da riskieren, sich zu binden?

Richtung fehlt

Warum überhaupt die Mühe, wird sich mancher fragen. Die Antwort lautet: Ein Leben ohne Liebe ist langfristig sinnlos und öde, weil ihm die Richtung fehlt: jemand, für den man das alles macht, z. B. im Beruf erfolgreich sein, ein Heim aufbauen.

Das heißt nicht, dass es nicht schöne Phasen des Alleinlebens geben kann. Gerade nach einer langen Beziehung empfinden es viele als erholsam, einmal wieder mehr Zeit für sich zu haben und sich auf sich selbst besinnen zu können. Einmal aber kommt der Punkt, dass man wieder der wichtigste Mensch auf der Welt für jemanden sein will – und umgekehrt.

Wer sich dem verweigert oder ewig auf den problemlosen Partner wartet, verschenkt nicht nur wertvolle Jahre. Man wird auch selbst schwieriger, weniger bindungs- und kompromissfähig ohne das tägliche Korrektiv eines menschlichen Gegenübers. Zwar führt keiner gern Diskussionen darüber, wer diesmal einkauft, kocht oder wieso die trockene Wäsche immer noch nicht abgenommen ist. Aber die Alternative, dass es wegen Alleinseins gar keine Diskussion mehr gibt, ist noch weniger verlockend.

WENIGER GEFÜHL, MEHR GELEBTE ENTSCHEIDUNG

Dabei geht es aber gar nicht nur um partnerschaftliche Beziehungen. Die Liebe ist die Quintessenz des christlichen Glaubens und Lebens. Das beschreibt die Bibel in unterschiedlichsten Bildern: »*Gott ist Liebe. Wer in der Liebe lebt, lebt in Gott und Gott lebt in ihm*« (1. Johannes 4, 16). Dabei bleibt sie nie nur ein abstraktes, idealistisches Konzept, sondern wurde durch Jesus personifiziert und praktisch vorgelebt – ist also nicht Gefühl, sondern ausgeführte Entscheidung. Jesus zeigt uns in jeder seiner überlieferten Begegnungen, wie Liebe – sei sie romantisch, elterlich, geschwisterlich oder freundschaftlich – aussehen soll. Das Gebot, das er hinterließ, lautet entsprechend: »*Ihr sollt einander so lieben, wie ich euch geliebt habe*« (Johannes 15, 12).

So hängt Liebe nach christlichem Verständnis wenig von den eigenen Empfindungen, den Umständen oder dem anderen ab. Sie ist vielmehr ein Verhalten: »*Die Liebe ist geduldig und gütig. Die Liebe eifert nicht für den eigenen Standpunkt, sie prahlt nicht und spielt sich nicht auf. Die Liebe nimmt sich keine Freiheiten heraus, sie sucht nicht den eigenen Vorteil. Sie lässt sich nicht zum Zorn reizen und trägt das Böse nicht nach. Sie ist nicht schadenfroh, wenn anderen Unrecht geschieht, sondern freut sich mit, wenn jemand das Rechte tut. Die Liebe gibt nie jemand auf, in jeder Lage vertraut und hofft sie für andere; alles erträgt sie mit großer Geduld*« (1. Korinther 13, 4–7).

Eigene Entwicklung

Wer diese Anforderung nicht nur als blumige Poesie sieht, wie man sie in Kalendern und auf Hochzeitskarten liest, sondern sein eigenes Verhalten damit abgleicht, denkt unweigerlich: »Übermenschlich, das kann niemand schaffen!« Das trifft zu, denn der biblische Text beschreibt das Ideal und gleichzeitig eine Richtung: Nicht auf das überwältigende Gefühl warten, das alle Zweifel und Probleme beseitigen wird, sondern sich liebevoll verhalten, damit daraus Liebe erwächst.

Man kann sich beruflich verausgaben, abends zum Sport gehen, Spaß mit Ausgehen, Flirts und Reisen haben. Irgendwann wird das aber meist doch langweilig und unbefriedigend. Man stellt fest, dass man plötzlich Anfang 40 ist und noch immer lediglich nur eine Beziehung mit einem Haustier führt. Dann erst fällt oft auf, dass man bei all den Anforderungslisten für Dates den wichtigsten Punkt vergessen hat: »Es muss jemand sein, der eine langfristige Beziehung eingehen will, und zwar mit mir.« Wer auf den perfekten Partner hofft, der direkt das unbezwingbare Gefühl hervorruft, jetzt den Richtigen gefunden zu haben, um sich zu binden, sucht nach fertiger Liebe, anstatt sie gemeinsam entwickeln zu wollen.

DRÜCKEN SIE IHRE LIEBE AUS, ZEIGEN SIE SIE

Liebe ist also Zuneigung, die sich praktisch ausdrückt. Jeder Tag bietet dafür unendlich viele Gelegenheiten. Machen Sie großzügig Komplimente und sprechen Sie Anerkennungen aus, wann immer sie ehrlich gemeint und glaubhaft sind. Sagen Sie es dem anderen einfach, wenn Sie finden, dass er gut aussieht, ein schönes Kleidungs- oder Schmuckstück trägt, seine Arbeit gut erledigt, oder wenn Sie bewundern, wie er mit bestimmten Situationen umgeht. Seien Sie freigiebig mit kleinen und großen Gesten: eine Erledigung übernehmen, Hilfe anbieten, ein kleines Geschenk oder einfach nur einen Gruß senden. Liebe zeigt sich auch darin, sich nach vielen gemeinsamen Jahren noch für den anderen schön zu machen, als wäre es das erste Date.

Umgekehrt sollten Sie sich selbst ermahnen, wenn Sie liebloses Verhalten an sich bemerken. Das betrifft vor allem kritische Bemerkungen, die unerbittlich, harsch oder verächtlich sind. Täuschen Sie sich nicht selbst damit, indem Sie das als Ehrlichkeit auslegen (»Ich sag nur, wie es ist!«). Liebe zeigt sich in Freundlichkeit, Geduld und dem Verzicht darauf, immer recht zu behalten. Ein kritisches Wort ist manchmal nötig, aber als Ausnahme, ruhig und überlegt. Behandeln Sie Ihren Partner immer mit Respekt und Liebe – ebenbürtig, nie wie ein zusätzliches Kind, das erzogen und zurechtgewiesen werden muss. Sollten Sie das für angemessen halten, wäre die Beziehung grundlegend zu überdenken.

Wenn Sie sich mit der Sprache der romantischen oder erotischen Liebe schwertun, finden Sie Anregungen dafür im biblischen Buch *Hoheslied*. Es beschreibt das zärtliche Suchen und erotische Finden eines Paares, Bewunderung und Freude aneinander. *»Schön bist du, zauberhaft schön, meine Freundin, und deine Augen sind lieblich wie Tauben!«*, sagt er. Sie entgegnet: *»Stattlich und schön bist auch du, mein Geliebter!«* (Hoheslied 1, 15–16). Man würde das heute vielleicht ein wenig anders ausdrücken, kann sich aber davon inspirieren lassen: Komplimente ohne den süßlichen Kitsch der *romantic comedies,* aber auch ohne das Unpersönliche, Grobe der Pornografie.

Andere Gelegenheiten

Wenn Sie sich derzeit nach mehr Liebe sehnen, ist das schmerzhaft – schon beim ungewollten Leben als Single, umso mehr in einer bestehenden Beziehung, die lieblos und gleichgültig geworden ist. Gleichzeitig ist solch eine Erfahrung wertvoll: Sie erkennen, wie essenziell die Liebe ist, und schätzen sie später umso mehr, wenn Sie sie erneut erleben dürfen. Fordern Sie keine Liebeserklärungen durch bohrendes Nachfragen ein (»Liebst du mich?«, »Gefalle ich dir nicht?«). Erzwungene Bekenntnisse machen Sie doch nicht glücklich und lösen beim anderen eher Abwehr aus. Suchen Sie in solchen Lebensphasen stattdessen nach Gelegenheiten, liebenswürdig zu anderen zu sein, etwa zu Freunden oder in einem Ehrenamt, und Liebe zu erkennen, wo Sie sie bisher nicht wahrgenommen haben. Erkennen Sie an, dass Sie emotional vielleicht bedürftiger sind, als es Ihnen selbst recht ist. Bitten Sie in einem regelmäßigen Gebet darum, dass Gott Sie unter diesem Aspekt heilt und Ihnen hilft, einen passenden Partner zu finden oder generell liebevolle Menschen um Sie herum. Denn alles Gesagte gilt selbstverständlich analog ebenso für andere Formen der Liebe, etwa zwischen Eltern und Kindern, zwischen Geschwistern und zwischen engen Freunden.

Voller Liebe leben

Wer ein Leben voller Liebe lebt, ist deswegen von ihr umgeben, weil er sie überall sehen und anderen geben kann. Dadurch erfährt er sie in unterschiedlichsten Spielarten, etwa innerhalb einer Ehe oder Partnerschaft, aber eben auch mit Verwandten und Freunden. Dabei geht es niemals um sentimentale, letztlich aber folgenlose Erklärungen an die Allgemeinheit (»Alles ist Liebe!«). Sondern immer um konkrete Menschen und praktische Handlungen für sie, also etwa Hilfe, Geduld und Aufmerksamkeit. Das eigene Gefühl folgt ihnen später nach. Wer so liebt, tut das, obwohl die anderen nicht immer nur liebenswert sind, sondern unvollkommen wie man selbst. Das übt Verständnis, Geduld und Nachsicht, wie man sie auch von anderen benötigt, wenn man geliebt werden möchte. Als unvollkommene Menschen können wir nicht so perfekt und uneigennützig wie Jesus lieben, kennen durch sein Vorbild aber das Ideal, nach dem wir unsere Beziehungen entwickeln können. Wer mehr über die praktische Seite lernen will, wendet den Blick von Filmen, Serien und Romanen ab – und beobachtet langjährige Paare im direkten Verwandten- und Freundeskreis oder befragt sie, wie es wirklich geht.

Lohnender Preis

»Keine Rose ohne Dornen«, sagte mein früherer Vorgesetzter, inzwischen 88 Jahre alt, dessen Liebesgeschichte ich in diesem Kapitel erzählt habe, gerne und lächelte dabei amüsiert. Das Sprichwort meint, dass alles seine Risiken und seinen Preis hat. Die Schönheit und der Duft einer Rose lassen es uns in Kauf nehmen, eventuell gestochen zu werden. Auch die Liebe eines anderen Menschen kostet immer etwas: uns ein Stück weit selbst zurückzunehmen und aufzugeben, um im anderen aufgehen zu können. Der Preis ist es wert, auch das Risiko, sich zu verletzen. Der beste Partner muss nicht perfekt sein, um sich schlussendlich doch als die wahre große Liebe herauszustellen.

Eine spirituelle Übung:
Üben, jemanden uneigennützig zu lieben

Wenn Liebe eine Entscheidung ist, der das Gefühl später nachfolgt, dann heißt das, dass Sie zu unterschiedlichsten Menschen eine liebevolle Beziehung aufbauen können. Sie kann romantisch sein, aber auch freundschaftlich oder kollegial. Diese kleine Übung unterstützt Sie dabei. Entscheiden Sie sich für eine Person in Ihrem näheren Umfeld, der Sie bewusst mit mehr Liebe begegnen wollen. Suchen Sie für 21 Tage nach praktischen Gelegenheiten dazu, orientiert an 1. Korinther 13, 4–7 (z. B. ausreden lassen, geduldiger sein, praktisch unterstützen). Erwarten Sie nichts zurück, sondern beobachten Sie, wie sich Ihre Beziehung verändert, vor allem aber, welchen Effekt das auf Sie hat.

WAHRHEIT 4: LEIDEN IST UNVERMEIDBAR, KANN ABER EINEN SINN ERHALTEN

Meine Schwester war ungefähr vier Jahre alt, als sie erstmals über Schmerzen im linken Fuß klagte, soweit sie sich damals ausdrücken konnte. Er war tatsächlich erkennbar angeschwollen und heiß. Der Kinderarzt vermutete erst, dass sie wohl umgeknickt sein müsse. Einige Monate später, als ihre beiden Knie ebenso betroffen waren, stand wenigstens die Diagnose fest: Gelenkrheumatismus. Damit begann für meine Schwester eine mehr als zehnjährige Tortur mit Entzündungsphasen, während derer es oft schon unerträglich schmerzte, wenn nur die Bettdecke auf ihren Knien lag. Manchmal benötigte sie einen Rollstuhl, um sich bewegen zu können, durchstand Punktierungen ihrer Gelenke und operative Eingriffe. Sie bekam entzündungshemmende Medikamente, die sie dicker werden ließen, sodass sie sich auch noch unansehnlich vorkam.

Während der oft wochenlangen Klinikaufenthalte fühlte sie sich – ein kleines Mädchen, das vieles nicht verstehen konnte – oft einsam, verlassen und den Ärzten ausgeliefert. Wenn andere Kinder draußen herumtobten, konnte sie nicht dabei sein. In dem Alter, in dem andere Mädchen sich schön machten, tanzen gingen und sich das erste Mal verliebten, kämpfte sie mit ihrer Gesundheit.

Ihre Knie hatten nach den Operationen große Narben, sodass sie sich lange schämte, sie unbedeckt zu zeigen.

Wir haben selbstverständlich oft über das Warum der Krankheit gegrübelt. Eine psychosomatische Reaktion vielleicht, weil die Scheidung unserer Eltern sie stark belastet hat? Oder weil wir oft mit Schweineschmalz gekocht oder Tomaten gegessen hatten, wie andere meinten? Eine wirkliche Antwort darauf gab es jedoch nie.

VIELES LÄSST SICH NICHT MAL SCHNELL LÖSEN

Wenn wir in diesem Kapitel von *Leiden* sprechen, dann geht es dabei um etwas völlig anderes als um eine vorübergehende Unzufriedenheit, weil etwa eine erhoffte Beförderung ausgeblieben ist oder man sich über jemanden geärgert hat. Wer leidet, muss mit körperlichen oder seelischen Schmerzen leben, deren Ursache er trotz aller Bemühungen lange oder dauerhaft nicht beseitigen kann, oft sogar nie herausfindet. Gleichzeitig gehört Leiden selbst bei größter Vorsicht zum menschlichen Leben. Die vierte Wahrheit lautet daher: Leiden ist unvermeidbar, kann aber einen Sinn erhalten – um es erträglicher zu machen, gar als wertvoll zu erkennen. Überstandenes Leiden verändert Ihren Blick auf sich und andere, kann ihn klarer und schärfer werden lassen. Gelegentlich erwähnen auch Klienten in einem Coaching, in dem es mehrheitlich um berufliche Themen geht, dass sie an etwas leiden. Oft nur nebenbei angesprochen, deuten schon wenige Worte einen langen Leidensweg an. Eine chronische Krankheit oder Behinderung, ein unerfüllter Partner- oder Kinderwunsch, Erfolglosigkeit oder Geldnot, ein Pflegefall in der Familie oder das dauerhafte Gefühl, ungenügend zu sein. Der eine sucht die Fehler bei sich selbst, der andere macht das Schicksal oder seine Mitmenschen dafür verantwortlich. »Verdiene ich es denn nicht, glücklich zu sein?«, lautet oft eine unausgesprochene Frage. »Was kann ich tun, um endlich davon frei zu sein?« Die karge Antwort in unserer Zeit, die so an Aktionismus gewöhnt ist und sofortige Lösungen erwartet, lautet oft: Wenig. Durchhalten ist bereits eine große, anerkennenswerte Leistung.

Zum Leben gehört Leiden

Wer aufmerksam durch seinen Alltag geht, dem fällt bald auf, wie viele Menschen in der eigenen Umgebung leiden. Nimmt man die Ereignisse in aller Welt dazu, über die täglich in den Nachrichten berichtet wird, ist es unbestreitbar: Leben heißt immer auch leiden. Oder mit den Worten meiner Tante gesagt: »Unter jedem Dach wohnt ein Ach.« Die Kinder in der Familie fanden den pathetischen Ausspruch damals zum Totlachen; als Erwachsene später nicht mehr lustig, sondern lebensklug.

Vor einigen Jahren musste ein Freund beispielsweise seine Selbstständigkeit aufgeben, weil sie sich nicht mehr rechnete. Dazu gehörte, sein kleines Büro in der Innenstadt aufzulösen und alles, was darin stand, wegzugeben. Er lud mich ein, auch einmal vorbeizukommen, um zu sehen, ob ich eventuell ein Möbelstück von ihm gebrauchen könnte. Ich schaute mich in den schon halb leeren Räumen um, in denen er um Kunden gekämpft, Aufträge abgearbeitet und letztendlich doch verloren hatte. Er stand derweil in Gedanken versunken in einer Ecke und beachtete mich nicht weiter. Für mich war nichts dabei, was ich brauchen konnte. So verabschiedete ich mich mit einem schlechten Gewissen, dass ich nicht hatte helfen können.

In den darauffolgenden Monaten sah ich ihn gelegentlich wieder. Von dem kämpferischen, selbstbewussten Unternehmer, der er gewesen war, war nicht mehr viel übrig. Er wirkte zusammengesunken und ganz in sich gekehrt. Seine Bewerbungen seien bisher erfolglos gewesen, berichtete er knapp und lächelte dabei. Er war über 50 Jahre alt und hatte die meiste Zeit seines Erwachsenenlebens selbstständig gearbeitet. Es schmerzte ihn, dass er nun Sozialhilfe beantragen musste, weil er keinen Anspruch auf Arbeitslosengeld hatte. Mancher wird ihm noch vorgehalten haben, dass er sich schließlich freiwillig diesem Risiko ausgesetzt habe und nun eben mit den Folgen leben müsse.

Wer leidet, erfährt anfangs viele Mitleidsbekundungen, die gut gemeint sind, sich aber häufig eher aus Sentimentalität speisen und bald in Verlegenheit übergehen. Langfristig wird es oft einsam: Der Leidende gilt als schwierig, man will mit ihm lieber nicht mehr viel zu tun haben. Er ist keine angenehme Gesellschaft mit seinen ewigen Problemen, ständig erschöpft, gereizt oder verbittert. Verwandte sind genervt, Freunde bleiben weg. So ist manche Reaktion auf Leid auch grausam.

Der Schauspieler Christian Kahrmann (»Benny« aus der *Lindenstraße*) verlor, wie viele Künstler, durch die Coronakrise mit geschlossenen Theatern und gestoppten Filmdrehs seine Arbeitsmöglichkeiten. Sein Eiscafé, als Zweiterwerb gedacht, musste er schließen, weil die Gäste ausblieben. Er erkrankte an Covid-19, und während er im künstlichen Koma lag, starb sein Vater an der Krankheit, zwei Monate später ebenso seine krebskranke Mutter. Kahrmann wachte gezeichnet wieder auf, mit Narben im Gesicht durch die Beatmungsprozedur, erschöpft und schwach für lange Zeit. Dazu belastet von dem tragischen Grübeln, ob er nicht vielleicht seine Eltern angesteckt haben könnte. Als er öffentlich darüber sprach, wurde er von Internetkommentatoren noch verhöhnt und gefragt, wieso er denn nicht gestorben sei.

Die biblische Geschichte von Hiob, der ohne eigene Schuld alles verliert, wiederholt sich jeden Tag unter uns, manchmal auch bei uns selbst. Hiob ist wirtschaftlich ruiniert und krank, von fast allen verlassen und verspottet. Drei Freunde besuchen den Verzweifelten – und sagen das, was man auch heute noch in solchen Situationen sagt. Ob es nicht doch an eigenen Fehlern liegen könne, dass er doch wieder so zuversichtlich wie früher sein solle, sich nicht so anstellen. Hiob fordert eine Antwort von Gott. Doch sie ist kurz und unbefriedigend: Das Leiden ist keine Strafe und für uns am Ende nicht zu verstehen.

Über Tausende Jahre haben die größten Denker ihrer jeweiligen Zeit über dieses Problem nachgedacht, unzählige Theorien darüber aufgestellt und wieder verwerfen müssen. Hiob kann gegenüber Gott schließlich nur feststellen: *»Ich weiß jetzt, dass dir nichts unmöglich ist; denn alles, was du planst, führst du auch aus. Du fragst, warum ich deinen Plan anzweifle und rede ohne Wissen und Verstand. In meinem Unverstand hab ich geredet von Dingen, die mein Denken übersteigen«* (Hiob 42, 2–3).

GEWOHNT, FÜR ALLES EINE LÖSUNG ZU ERWARTEN

Die unstrittigen wissenschaftlichen, technischen und sozialen Fortschritte unserer Zeit haben uns das trügerische Versprechen gegeben, dass es für jedes Problem eine Lösung gebe. Tatsächlich sind beispielsweise immer neue Behandlungen und Medikamente verfügbar, die jeweils vor wenigen Jahren noch undenkbar waren. Das ausgebaute Sozialsystem fängt mehr materielle Not auf, Informationen und Kontakte sind leichter abrufbar. Das ändert jedoch nichts grundsätzlich daran, dass Leiden insgesamt unvermeidlich ist. Es gehört zum Menschsein und wird uns begleiten, solange es uns gibt. Es ist, aus christlicher Sicht, Teil unserer DNA.

Der zweite Irrtum liegt darin, dass Leiden ein Versagen darstelle. Aus Sicht der Leistungsgesellschaft mag das zutreffen. Man wird möglicherweise nicht ständig alle Anforderungen des Berufslebens erfüllen. Aber das Leben umfasst mehr, und in diesem Rahmen ist jemand, der etwas durchlitten, aber überlebt hat, jemand, der bewundert wird. Wer »schon einiges erlebt hat«, mag von körperlichen oder seelischen Narben gezeichnet sein, hat aber gleichzeitig bewiesen, dass er gewonnen hat. In Filmen interessieren uns aus diesem Grunde die Charakterdarsteller, im echten Leben die Menschen mit Charakter.

Praktische Folgen

Jeder wünscht sich, Schmerz zu vermeiden – umso mehr einen, der Monate oder gar Jahre andauert. Selbstverständlich wird er alles unternehmen, was ihm möglich ist, muss aber gleichzeitig häufig mit sehr praktischen Folgen umgehen lernen, etwa den Kosten. Jesus trifft einmal auf eine kranke Frau, die seit zwölf Jahren an Blutungen leidet und deshalb auch aus ihrer Gemeinschaft ausgestoßen ist. Als wäre es heute geschrieben worden, stellt die Bibel eine weitere Konsequenz fest: »*Sie war schon bei den verschiedensten Ärzten gewesen und hatte viele Behandlungen über sich ergehen lassen. Ihr ganzes Vermögen hatte sie dabei ausgegeben, aber es hatte nichts genützt; im Gegenteil, ihr Leiden war nur schlimmer geworden*« (Markus 5, 26).

Wer spirituell unvorbereitet auf Leiden trifft, läuft Gefahr, bald enttäuscht und verbittert durchs Leben zu gehen. In solch einer Verfassung macht man es dann als Leidender den wohlmeinenden Menschen um sich herum, etwa Partner, Verwandten und Freunden, oft zusätzlich schwer. Etwa durch Abwehr ihrer Bemühungen, manchmal auch bösartige, gar gehässige Bemerkungen. Wer sich für das weitgehende Verdrängen seines Leidens entscheidet, vergibt die Chance auf mehr Tiefe. Für ein Magazin habe ich einmal die Witwe eines Mannes interviewt, der unheilbar erkrankt war, sich aber bis zuletzt weigerte, sich das einzugestehen. Das änderte nichts am medizinischen Verlauf. Aber er brachte sich und seine Ehefrau damit um die Gelegenheit, die letzten gemeinsamen Monate in besonderer Vertrautheit zu verbringen und zusammen abzuschließen.

VERTRAUEN, DASS DAS LEIDEN EINE BEDEUTUNG HAT

Der Leidensweg von Jesus Christus ist das überragende Vorbild für ein Leiden, das ein Mensch auf sich nimmt. *»Ich bin so bedrückt, ich bin mit meiner Kraft am Ende«*, gesteht Jesus seinen Jüngern und betet zu Gott, dass er verschont bleibe. *»›Abba, Vater‹, sagte er, ›alles ist dir möglich! Erspare es mir, diesen Kelch trinken zu müssen! Aber es soll geschehen, was du willst, nicht was ich will‹«* (Markus 14, 34–36). Er litt aus christlicher Sicht, damit die Menschen gerettet werden. Das Bild von Jesus, der Gedanke an ihn kann trösten: Da ist jemand, der genau weiß, was Leiden bedeutet. Ich bin nicht allein, da ist jemand, der mich versteht. Jesus ist auch unter einem anderen Aspekt ein Vorbild: Er akzeptiert das Leiden, was nicht aufgeben bedeutet, sondern, darin einen Sinn zu sehen.

In vielen Kirchen – hauptsächlich in katholischen und anglikanischen – gibt es die Tradition des *Kreuzwegs:* einer Abfolge von Stationen, Standbildern oder Gemälden, im Kirchenschiff oder im Freien, die den Leidensweg von Jesus bis zu seiner Kreuzigung zeigen. Teilweise recht drastisch, als wollte man jede Nuance des Schmerzes auskosten. Doch wer gerade selbst leidet, kann sich bei der Betrachtung darin wiederfinden. Es ist Brauch, von Bild zu Bild zu gehen, sich gedanklich auf das Dargestellte einzulassen, an jeder Station kurz zu beten oder eine passende Bibelstelle zu lesen. Das letzte Bild ist immer hoffnungsvoll: Gott – wie auch der Gläubige – triumphiert über Leid und Tod.

Prioritäten erkannt

Man könnte meinen, dass Menschen, die ein Leiden durchgestanden haben, gebrochen und enttäuscht vom Leben sind. Das gibt es, und diese Reaktion ist traurig, weil unnötig. Viel häufiger geschieht das Gegenteil: Jemand kommt verändert, aber gestärkt »auf der anderen Seite« wieder hervor. Mit klareren Prioritäten, mit mehr Einsichten in das Leben und oft sogar mit einem Humor, ohne den er all das gar nicht überstanden hätte. Auch mit einem stärkeren Gefühl dafür, was er zukünftig nicht mehr will. Ich erinnere mich an eine ehemalige Arbeitskollegin, die eine Krebserkrankung überstanden hatte. Direkt danach kündigte sie mit dem Gedanken, sich das nicht mehr antun zu wollen, bereiste die Welt und machte sich dann selbstständig. Nie hätte sie sich das vorher getraut.

Wer sich dem Leiden dagegen verweigern will, lernt seine Stärken – und auch bisher unerkannte Schwächen – nie vollständig kennen. Erfährt nie, wer im eigenen Umfeld wirklich zuverlässig da ist und auf wen man besser nicht baut. Wird auch nie die besondere Verbundenheit mit denjenigen verspüren, die Vergleichbares erlebt haben und deshalb mit wenigen Worten bereits alles verstehen. Vergibt auf einer spirituellen Ebene die lebensverändernde Erfahrung, dass es einen Halt gibt, auch wenn alles andere wegbricht, man verloren, beschämt und einsam dasteht. Wer leidet, verliert sehr viel, vermeintlich fast alles – und stellt manchmal erst nach langer Zeit fest, dass er gerade dadurch vieles gewonnen hat.

Selbstverständlich empfiehlt es sich, immer auch zu prüfen, wie viel des eigenen Leidens man selbst verursacht hat. Ob beispielsweise eine Erkrankung mit dem eigenen Lebensstil zu tun hat, mehrmalige Trennungen mit der Partnerwahl oder dem eigenen Verhalten. Belasten Sie sich aber nicht ewig mit Selbstvorwürfen, auch die größte Reue muss ein Ende finden. Die Vergangenheit ist vorbei. Überlegen Sie stattdessen besser, ob Sie zukünftig etwas anders angehen könnten, um sich unnötiges Leiden zu ersparen.

GRÜNDE FÜR BESONDERE DANKBARKEIT

Wenn Ihnen Leiden bisher erspart geblieben ist, dann ist das ein Grund für besondere Dankbarkeit. Sie erleben die Ausnahme, nicht die Normalität. Gehen Sie davon aus, dass es auch in Ihrem Leben einmal eine Phase geben wird, in der Sie ein Problem nicht sofort lösen können, sondern es aushalten müssen. »*Alles, was auf der Erde geschieht, hat seine von Gott bestimmte Zeit: geboren werden und sterben, einpflanzen und ausreißen, töten und Leben retten, niederreißen und aufbauen, weinen und lachen, wehklagen und tanzen (…)*«, listet die Bibel auf (Prediger 3, 1–8). Daraus folgt: Die guten Zeiten genießen und auf die schlechten gefasst sein, andererseits die schlechten Zeiten aushalten, weil auch wieder bessere kommen werden.

Leiden Sie gerade an etwas, werden Sie Phasen haben, in denen Sie davon überwältigt sind und kaum etwas anderes schaffen. Dann ist es bereits eine Leistung, jeden neuen Tag zu überstehen. Aus der christlichen Praxis kann das meditative Gebet eine Hilfe sein, bei dem Sie vielleicht auch eine Abbildung von Jesus betrachten, der gelitten hat wie Sie. Nutzen Sie die besseren Phasen, praktische Aufgaben anzugehen, die Ihre Situation verbessern. Vermeiden Sie Schuldzuweisungen – gegenüber anderen und sich selbst – und ewiges Grübeln über Fragen, auf die es nie befriedigende Antworten geben wird (»Warum ich?«, »Wieso lässt Gott das zu?«). Tröstlicher ist die Hoffnung: »Vielleicht wird sich diese Erfahrung einmal als wertvoll für mich herausstellen.«

Dem anderen Zeit geben

Wenn Sie umgekehrt mit jemandem zu tun haben, der leidet, wischen Sie sein Leid nicht mit einer gedankenlosen Bemerkung beiseite. »Wird schon wieder«, »Kopf hoch!« oder »Das muss man eben mal aushalten. Sieh doch auch mal das Gute!« sind Floskeln, die zwar irgendwie korrekt sind, für den Betroffenen in diesem Moment aber zu früh kommen und noch nicht helfen. Ihr Gegenüber ist noch vereinnahmt von allem und braucht Zeit, um auf dieser Ebene zu reflektieren. Ich verstehe, warum jemand so etwas sagt: Er will aufmuntern, wieder etwas Hoffnung verbreiten. Oft sind solche Aussagen auch ein Versuch, die Schwere der Situation für sich selbst zu erleichtern und etwas gegen das beklemmende Gefühl zu tun, dass die eigenen Möglichkeiten sehr begrenzt sind.

Sie helfen bereits viel, wenn Sie einfach da sind. Gelegentlich vorbeischauen, ohne dass viel geredet wird, vielleicht einmal eine Kleinigkeit mitbringen oder erledigen.

Erlauben Sie dem anderen, sein Leiden zu erfassen und damit umgehen zu lernen, um nach einiger Zeit vielleicht sogar einen persönlichen Sinn darin zu finden.

Ausdauer und Geduld

Der Sinn, der sich im Leiden sehen lässt, liegt zum einen in der Würde, die man trotz allem behalten kann. Es wird gesehen, wie es Ihnen geht, und auch, wie gut Sie sich in Ihren schweren Zeiten halten. Haben Sie trotz Sorgen und Schmerzen ein freundliches Wort für andere übrig, bemühen Sie sich, trotz Ihrer Beschwerden etwas beizutragen? Sie zeigen Geduld und aufrechte Haltung, auch wenn es nicht leichtfällt. Damit werden Sie für andere zum Vorbild, können sie ermutigen und stärken. Manche gründen nach einem einschneidenden Erlebnis eine Initiative, Stiftung oder Selbsthilfegruppe. Andere geben ihre Erfahrungen informell weiter, z. B. durch persönlichen Rat oder Begleitung.

Im Leiden werden Sie gezwungen, sich in einer Intensität mit sich und der Belastbarkeit Ihrer Kraftquellen auseinanderzusetzen, wie Sie es freiwillig nie gewählt hätten. Daraus gehen Sie mit einer neuen Klarheit hervor: Was trägt Sie, was hat die Bewährungsprobe nicht bestanden? Nicht zuletzt werden Sie andere Menschen, die leiden, mit mehr Verständnis sehen, geduldiger und mitfühlender sein. Die anderen sind gerade da, wo Sie einmal waren – und Sie wissen, wie sich das anfühlt.

Besonderes Mitgefühl

Seit der Rheumatismusdiagnose meiner Schwester sind bald vier Jahrzehnte vergangen, die Krankheit begleitet sie bis heute. Sie ist trotzdem eine attraktive und liebenswerte Frau geworden, hat geheiratet, eine bezaubernde Tochter bekommen und arbeitet, soweit es ihr möglich ist. Sie hat ein besonderes Mitgefühl für Tiere entwickelt und mehrere aus Heimen aufgenommen. Der erwähnte Freund, der sein Geschäft aufgeben musste, hat nach langer Arbeitssuche wieder eine Stelle gefunden und eine kleine nebenberufliche Selbstständigkeit beibehalten. Er engagiert sich seit Jahren in einer lokalen Gemeinde und hat für jeden ein freundliches, ermutigendes Wort. Leiden ist kein Scheitern, sondern ein Weg zu einem Neuanfang.

Eine spirituelle Praxis:
Meditatives Beten, um den Schmerz zu lindern

In Zeiten des Leidens können meditative Gebete helfen, den Schmerz zu lindern, sich zu sammeln und präsent zu bleiben. Der »Rosenkranz« und das »Jesusgebet« sind zwei traditionelle Formen. Beide bestehen aus sich ständig wiederholenden Versen und werden mit einer Gebetskette praktiziert, deren Perlen helfen, die Wiederholungen mitzuzählen. Wenn Sie es einmal ausprobieren wollen, kaufen Sie sich einen schönen Rosenkranz oder einen sogenannten Komboskini für das »Jesusgebet«. Meist erhalten Sie eine Anleitung dazu, Sie finden solche aber z. B. auch auf Youtube zum Mitsprechen (typischerweise ca. 25 Minuten). Lernen Sie solch ein Gebet auswendig, um es bald ganz für sich praktizieren zu können.

WAHRHEIT 5: WER DIE SCHÖNE LÜGE NICHT ERKENNT, IST SCHON VERLOREN

Wenn ich durch meine privaten Social-Media-Profile scrolle, muss ich mich oft zu Geduld und Verständnis ermahnen. Jemand teilt »einen Brief von Albert Einstein«, der gesagt haben soll: »Jeder ist ein Genie.« Viele gerührte Worte und Herzchen-Emojis sind unter den Kommentaren. Der antike Philosoph Aristoteles riet angeblich: »Wir können den Wind nicht ändern, aber die Segel anders setzen.« Woanders sehe ich »die letzten Worte von Steve Jobs« oder »eine Botschaft von Keanu Reeves über die Liebe«. Das Problem: Alle diese Zitate sind erfunden und seit Jahren als moderne Kettenbriefe im Internet unterwegs, wie nur eine Google-Suche zeigen würde. Doch schon diese Mühe scheint zu viel.

Zwei Freunde – beide jung, studiert und weltgewandt – folgen auf Youtube einer Kartenlegerin, die in ihren Tarotkarten angebliche Verschwörungen von Regierungen und Unternehmen zu sehen vorgibt. Erst amüsierten sie sich darüber. Bald aber leiteten sie diese Videos an andere weiter: Ihnen hätten sich damit ganz neue Einblicke eröffnet. Das war nun schon ernst gemeint. Andere, deren Beiträge ich auf Instagram und anderswo sehe, hoffen bei grundlegenden Lebensfragen auf die Ratschläge von Fitnesstrainern, Schauspielerinnen und Sängerinnen, obwohl deren fehlende Ausbildung und Erfahrung in diesem Bereich sofort erkennbar sein müssten. Oft wird das aber auch erst viel später nach dem Kauf von Büchern, Onlineberatungen und Kursen klar.

ANTWORTEN, DIE RICHTIG UND EHRLICH SIND

Jeder braucht Trost, Zuspruch und Orientierung – besonders in unklaren Situationen und schwierigen Lebensphasen voller Fragen. Entscheidend aber ist gerade dann, dass die Antworten richtig und ehrlich sind und nicht noch weiter in die Irre führen. Selbstverständlich ist das leider nicht. Wir sind umgeben von wohlklingenden Verführungen, die allerdings eher von kommerziellen oder politischen Interessen motiviert sind, von undurchdachten oder gar bewusst falschen Ratschlägen. Wer ihnen folgt, wird zu Entscheidungen verleitet, die er später bereut und deren Konsequenzen er allein tragen muss. Die fünfte Wahrheit des Lebens lautet deshalb: Wer die schöne Lüge nicht erkennt, ist schon verloren. Denn er wird damit in einem Moment der Bedürftigkeit irregeführt und betrogen, anstatt tatsächlich Hilfe zu erhalten.

Als Coach arbeite ich mit Menschen, die ernsthaft darangehen wollen, ihr berufliches oder privates Leben zu verbessern. Wir beginnen mit subjektiven Bewertungen:

Wie ein Klient sich und seine Situation einschätzt, was er sich anders wünscht, soweit ihm das bereits klar ist. Bald aber geht es um objektive Feststellungen: Wo die Fähigkeiten und Grenzen des Betreffenden liegen, was realistisch möglich ist, was andere wollen und brauchen. Erst dieser Abgleich sorgt für persönliche Entwicklung und bewahrt vor folgenreicher Selbsttäuschung. Unser Vertrauensverhältnis erlaubt es uns, wirklich ehrlich miteinander zu sprechen – und dass ich bei Bedarf auch unangenehme, aber nun einmal zutreffende Wahrheiten zumuten kann.

ANDERS ENTSCHEIDEN

2011 veröffentlichte die australische Autorin und Komponistin Bronnie Ware, die zeitweise als Palliativpflegerin gearbeitet hatte, ein höchst erfolgreiches Buch: *5 Dinge, die Sterbende am meisten bereuen.* Ich hatte zuvor bereits den vielfach geteilten Blogeintrag in englischer Sprache gelesen, auf dem es basierte. Die fünf am häufigsten unerfüllt gebliebenen Wünsche, die sie nach ihren Gesprächen mit Todkranken erkannt und darin aufgelistet hat, lauteten:

1. sein eigenes Leben zu leben,
2. nicht so viel zu arbeiten,
3. seine Gefühle auszudrücken,
4. den Kontakt zu Freunden aufrechtzuerhalten und
5. sich zu erlauben, glücklicher zu sein.

Mir kamen diese Wünsche beim ersten Lesen sehr banal vor. Ich dachte: Wer hat jemals jemanden daran gehindert, so zu leben? Die Liste drückte sich darum, die Gründe für diese enttäuschenden Lebensbilanzen zu thematisieren. Denn dann wäre sie nicht mehr so unverbindlich gefühlig ausgefallen, dass jeder sofort zustimmen würde, sondern eine echte Herausforderung geworden. Sie lautet: Wer diese eigentlich einfachen Dinge erreichen und damit glücklich leben will, muss sich oft dagegen entscheiden, was angeblich »alle« (korrekter: eine Mehrheit) empfehlen.

Denn tatsächlich treffe ich im Coaching auf Menschen, die – meist in der Mitte ihres Lebens – vor eben diesen Entscheidungen stehen. Die neue, besser bezahlte Stelle annehmen, obwohl man weiß, dass sie einen nervlich ruinieren wird, oder lieber finanziell ein wenig bescheidener leben, dafür ruhiger? Nie Zeit für Freunde haben, weil die Firma immer wichtiger ist, um dann zu merken, dass man bestenfalls noch Bekannte hat – oder dem Job konsequent zeitliche Grenzen setzen? Ewiges Dating mit dem Risiko, mit Mitte 40 immer noch allein dazustehen, oder lieber pragmatischer herangehen und sich nun endlich fest an jemanden binden? Den Kinderwunsch immer wieder verschieben, um dann festzustellen, dass es zu spät ist?

All das sind Fragen, über die man jeweils eigene Bücher schreiben könnte. Sie stellen sich jedem in unterschiedlicher Ausprägung, können nicht unendlich abgewogen und manchmal mangels Erfahrung nur schwer allein entschieden werden. Deshalb erfordern sie gute Ratgeber für sinnvolle, hilfreiche und praxistaugliche Antworten. Denn ansonsten landet man bei kurzfristigen, egozentrischen Empfehlungen, die schön klingen, aber nicht weit tragen: Man solle erst einmal »Spaß haben«, »sein Potenzial ausschöpfen«, »sich nicht unter Druck setzen lassen«. All das soll man durchaus tun, aber besser eben auch noch ein bisschen mehr.

Spätestens ab Mitte 30 lässt sich an anderen und auch an einem selbst beobachten, dass es gute und weniger gute Lebenspfade gibt, und zwar gemessen an Glück, Erfolg, Zufriedenheit und Gesundheit. Vieles lässt sich danach immer noch korrigieren oder zumindest teilweise anderweitig ausgleichen. Aber je bessere Entscheidungen jemand schon früh trifft, desto weniger wird das nötig sein.

Schaut man sich die öffentliche Diskussion an, wird häufig die Erklärung bemüht, »die Gesellschaft« – wer auch immer das konkret sein soll – würde einen zu einem bestimmten Handeln drängen. Das ist allerdings abgeschobene Eigenverantwortung, und es gibt unzählige Menschen, die zu ihrem Vorteil anders entschieden haben. Da denke ich an die vielen zufriedenen Paare, mit oder ohne Kinder. An diejenigen, die einen sinnvollen, interessanten Beruf ausüben, bei dem es nicht vor allem um Geld und den Status geht. Und an diejenigen, die geachtete Mitglieder ihrer Gemeinschaft sind. All das ist nicht außergewöhnlich schwierig zu erreichen, erfordert aber, sich bei grundlegenden Lebensentscheidungen unabhängig von den allgemeinen Ansichten zu machen, eigene Prioritäten zu setzen und auszuhalten, dass manche sie nicht teilen.

LIEBER DAS ANGENEHME ALS DAS HILFREICHE

Jeder bekommt selbstverständlich am liebsten seine eigenen Ansichten und Entscheidungen bestätigt. Das beruhigt, man lag also nicht falsch, und ist natürlich immer angenehmer, als kritisiert zu werden, Fehler und Irrtümer eingestehen, sich korrigieren zu müssen. Geht es um Kleinigkeiten, ist das harmlos, etwa bei einem Kompliment oder einer Aufmunterung, wenn Ihnen beispielsweise jemand sagt:»Du siehst gut aus«, obwohl Sie an manchen Tagen selbst wissen, dass das wohl nicht so ganz stimmt. Aber es erfreut und motiviert, kann auch die Hoffnung auf einen zukünftigen Zustand ausdrücken und so helfen.

Gleichzeitig müssen wir festhalten: Es gibt objektive Wahrheiten ebenso wie objektive Lügen. Mancher bestreitet das, um unangenehmen Einsichten und Beurteilungen auszuweichen. Häufig wird der fundamentale Unterschied verwischt, indem man beide zur *Meinung* deklariert und damit gleichstellt. Etwa in der Behauptung ausgedrückt, dass eben jeder »seine Wahrheit« hätte, man die Antworten »in sich finden« würde, ganz egal, was die anderen sagen. Das funktioniert bis zu einem gewissen Grad, wenn es nicht um ganz eindeutige Informationen geht, sondern eher um Prioritäten und Einordnung. Aber auch dort gibt es schlussendlich *richtig* und *falsch,* gemessen am Ergebnis.

Wer noch jung, unsicher oder in bestimmten Fragen unerfahren ist, begibt sich schnell auf unsicheres Terrain: Wen bei Unklarheiten und vor wichtigen Entscheidungen fragen, woran im Zweifel halten? Weicht man der Wahrheit aus, dass es Lüge gibt, die sehr positiv, beruhigend und bestätigend klingen kann, ist man dem Betrug schutzlos ausgeliefert. Falschen Versprechen, kalkulierten Schuldzuweisungen, angeblich einfachen Lösungen – alles zum Vorteil des anderen. Das eigene Gewissen ist da leider nur begrenzt ein hilfreicher Ratgeber, wie die Erfahrung zeigt. Es kann leicht getäuscht werden, indem man Sie beispielsweise gezielt gegen andere aufbringt oder Ihnen verspricht, was Sie sich schon lange ersehnen.

Am Ende hat der Belogene den Schaden, bereut seine Entscheidungen und trauert um seine Verluste, sei es um Lebenszeit, Geld oder nicht mehr umsetzbare Pläne. Beispielsweise die verpasste Familiengründung, weil Studium und danach der Job immer vorgehen sollten. Eine halbherzige Linderung ist die Beschönigung (»Ist ja nicht so schlimm!«) oder die glatte Realitätsleugnung. Wie der Dichter Christian Morgenstern es 1909 in seinem Gedicht »Die unmögliche Tatsache« ausdrückte: »Und er kommt zu dem Ergebnis: ›Nur ein Traum war das Erlebnis. Weil‹, so schließt er messerscharf, ›nicht sein kann, was nicht sein darf.‹«

VIELE KÖNNEN SICH IRREN, NUR EINZELNE RECHT HABEN

Aus christlicher Sicht gibt es objektive Wahrheit – und damit auch das Gegenteil: objektive Lüge. Nicht alles lässt sich als *Meinung* relativieren. Vieles, was wir gern hören und lieber glauben wollen, ist sachlich falsch oder bewusst gelogen, weil sich andere damit Vorteile verschaffen wollen. Entsprechend warnt Jesus: *»Hütet euch vor den falschen Propheten! Sie sehen zwar aus wie Schafe, die zur Herde gehören, in Wirklichkeit sind sie Wölfe, die auf Raub aus sind. An ihren Taten sind sie zu erkennen. Von Dornengestrüpp lassen sich keine Weintrauben pflücken und von Disteln keine Feigen. Ein gesunder Baum trägt gute Früchte und ein kranker Baum schlechte«* (Matthäus 7, 15–17). Der Unterschied zeigt sich also nicht in den Versprechen, sondern in den Ergebnissen.

Viele werden der Verführungskraft der Lüge unterliegen, stellt Jesus fest und rät, besser dem unbequemen und manchmal einsamen Weg der Wahrheit zu folgen. *»Geht durch das enge Tor! Denn das Tor zum Verderben ist breit und ebenso die Straße, die dorthin führt. Viele sind auf ihr unterwegs. Aber das Tor, das zum Leben führt, ist eng und der Weg dorthin schmal. Nur wenige finden ihn«* (Matthäus 7, 13–14). Der französische Autor, Regisseur und Maler Jean Cocteau (1889 bis 1963) drückte es so aus: »Man darf die Mehrheit nicht mit der Wahrheit verwechseln.« Die vielen können sich also irren, nur Einzelne recht haben.

Kein Geheimnis

Was richtig und was falsch ist, stellt dabei aus christlicher Sicht kein besonderes Geheimnis dar, benötigt weder besondere Zugänge noch komplizierte Überlegungen. Wer kluge, auf Wahrheit gründende Lebensentscheidungen treffen will, möge sich nur umschauen und zuhören. *»Die Weisheit ruft auf den Straßen, auf den Plätzen erschallt ihre Stimme; wo die Leute sich treffen, hört man sie, am Stadttor trägt sie ihre Rede vor«* (Sprüche 1, 20–21). Das Problem ist also nicht mangelnde Information – sondern unsere menschliche Starrköpfigkeit, sie nicht hören und annehmen zu wollen, stattdessen lieber auszuprobieren, ob es nicht doch anders ginge. Dieser Wesenszug ist die Schattenseite unserer Möglichkeit, frei entscheiden zu können.

Wenig sinnvoll ist es – wie bereits angesprochen – auch, immer auf die Mehrheitsmeinung zu schielen, sei es aus Angst oder Unsicherheit. Unter diesem Aspekt war es für mich persönlich eine wertvolle Erfahrung, bis zum 18. Lebensjahr im Sozialismus der DDR gelebt zu haben – einer Gesellschaft, die sich fundamental in ihren Annahmen geirrt hatte und deshalb komplett gescheitert war. Dabei konnte ich aber auch beobachten, dass es selbst in einer Ideologie, die alle mit ihrer Lüge umschließen will, immer möglich bleibt, sich seine innere Freiheit zu erhalten. Es war kein Zufall, dass die Menschen damals zuerst in die Kirchen und von dort aus ermutigt und gestärkt auf die Straßen gingen.

MENSCHEN VERTRAUEN,
DIE EHRLICH ZU IHNEN SIND

Entscheidend für Ihre persönliche innere Klarheit ist, dass Sie sich regelmäßig der Wahrheit aussetzen – als bewusst gesuchtes Korrektiv zur verführerischen Lüge, die Sie überall umgibt. Sorgen Sie dafür, dass es in Ihrem Leben immer zwei bis drei Vertrauenspersonen (z. B. Partner, Verwandte, Freunde, fachlich kompetente und integre Mentoren) gibt, die Ihnen wirklich zugetan und daher rücksichtsvoll, aber ehrlich mit Ihnen sind. Die ansprechen, wenn Sie gravierende Fehler machen oder sich falsch entwickeln – und das auf eine Art, dass Sie wirklich darüber nachdenken und es annehmen würden. Rechtfertigen Sie sich in solchen Gesprächen nicht oder widersprechen sofort. Haben Sie Unklarheiten, fragen Sie nach. Ansonsten genügt: »Danke.« Bedenken Sie ernsthaft, was Sie gehört haben.

Nehmen Sie Wahrheit auch gedanklich auf, indem Sie ihre Natur reflektieren und wie Sie ihr entsprechend leben können. Von den biblischen Büchern empfehlen sich dafür speziell die *Sprüche,* das Buch *Prediger* und *Jesus Sirach,* eine sogenannte Spätschrift, die nicht in allen Bibelausgaben enthalten ist. Die zentralen Glaubens- und Lebensfragen haben die christlichen Kirchen zudem übersichtlich in sogenannten Katechismen zusammengestellt und beantwortet (z. B. Luthers »Kleiner Katechismus« der evangelischen Kirche, »Heidelberger Katechismus« der Reformierten). Sie finden diese Texte im Internet sowie in

Buchläden und Bibliotheken. Ein guter erster Einstieg kann eine vereinfachte Ausgabe für Jugendliche sein (z. B. der »YOUCAT« von der katholischen Kirche).

Begrenzen Sie insgesamt Ihren Konsum an sentimentaler, vulgärer oder gewaltbetonter Unterhaltung, an mehr oder wenig verdeckter Werbung sowie an klassischen und sozialen Medien. Sie entziehen sich damit vielen kurzfristigen Aufregungen und Ablenkungen und können sich auf langfristig entscheidende Themen konzentrieren. Wenn es Ihnen hilft, deinstallieren Sie die entsprechenden Apps vom Handy oder löschen sogar einige Nutzerkonten ganz.

Bedürftigkeit erkennen

Wenn Sie erkennen, dass jemand einer Lüge erlegen ist, seien Sie zurückhaltend damit, ihn sofort umstimmen zu wollen. Die wenigsten lassen sich durch Belehrungen mit Fakten, die vermeintlich nur zu einem Ergebnis führen können, überzeugen. Meist verhärten sie sich eher oder ziehen sich ganz zurück. Bieten Sie sich besser als aufmerksamer, interessierter Gesprächspartner an. Stellen Sie offene Fragen und hören Sie ungefähr die Hälfte der Zeit wirklich zu. Versuchen Sie zu verstehen: Warum glaubt der andere daran, was bewegt ihn dazu, was erhofft er sich? Nicht als Grundlage, um sofort passende Gegenargumente einzuwerfen, sondern um Bedürftigkeiten (z. B. nach Trost, Zuwendung, Ermutigung) zu erkennen, die damit derzeit erfüllt werden. Eventuell können Sie auf dieser Basis bessere Alternativen nennen, die wahrhaftiger und damit langfristig tragfähiger sind. Respektieren Sie aber die persönliche Wahl, die jeder hat, und vertrauen Sie auf den Lernprozess, der sich erst ergibt, wenn jemand einmal unweigerlich auf die Realitäten der Welt und die Konsequenzen seiner Entscheidungen trifft. Das ist oft schmerzhaft, aber überzeugender als alle Worte.

Sich selbst schützen

Wenn Sie die Wahrheit zu einem bestimmten Thema kennen oder zumindest wissen, wo Sie sie im Zweifel finden, werden Sie von der schönen Lüge weniger leicht verführt. Schon deshalb, weil Ihnen Ihre – nur allzu menschliche – Empfänglichkeit dafür bewusst ist. Aber auch, weil Sie das Korrektiv kennen: Sich regelmäßig dem aussetzen, was Sie wieder zurückholt aus der Fantasiewelt. Das ist nicht ernüchternd, wie man vielleicht denken könnte, sondern befreiend und klärend. Fühlen Sie sich von jemandem besonders in Ihren Ansichten bestätigt oder geschmeichelt, werden Sie aufmerksam: Wer sagt Ihnen das und welche Absichten könnten dahinterstecken? Sie können durchaus ehrbar sein, niemand sollte mit ständigem Misstrauen durchs Leben gehen, aber eben auch versuchte Täuschung sein. Mit dieser Offenheit können Sie auch weniger angenehme Wahrheiten annehmen, die Sie von kompetenten, wohlmeinenden Menschen hören. Sie müssen zwar manchmal dafür ein wenig Ihren Stolz überwinden, lernen aber dazu und verbessern sich zum eigenen Vorteil.

Das Richtige glauben

»Der Mensch will belogen werden« sagt eine zynische, aber populäre Redewendung, die sich bis in die Antike zurückverfolgen lässt. Tatsächlich war mancher Unternehmer, mancher Politiker zumindest zeitweise erfolgreicher, weil er die Masse belogen hat. Denn Ehrlichkeit wird zwar oft gefordert, aber selten honoriert – bis zum bösen Erwachen. Freundlicher könnte man sagen: Der Mensch will hoffen und glauben, ist aber nicht besonders gut darin, sich für das Richtige zu entscheiden. Haben Sie den Mut, zu den Ausnahmen zu gehören. Und wenn Sie manchmal selbst etwas sagen oder raten wollen, was schön klingt, aber eigentlich nicht wahr ist – bedenken Sie, womit Sie sich und dem anderen langfristig den größeren Gefallen tun.

Eine spirituelle Übung:
Stille Meditation am Tagesanfang

Eine kurze Meditation am Morgen lässt Sie jeden Tag mit Wahrheit beginnen – als würden Sie den Kompass, der Sie durchs Leben führt, regelmäßig wieder neu kalibrieren. Probieren Sie es 21 Tage lang aus: Greifen Sie nach dem Aufstehen nicht direkt zum Handy oder beginnen sofort mit Ihren Aufgaben. Nehmen Sie sich stattdessen 15 Minuten an einem ruhigen Platz daheim oder während eines kurzen Spaziergangs. Sprechen Sie ein kurzes Gebet mit Ihrem Dank und Ihren Wünschen für den Tag. Lesen Sie ein bis zwei Bibel-Kapitel (z. B. in *Matthäus*), denken Sie kurz darüber nach. Beobachten Sie, welchen Unterschied das nach einigen Tagen für Ihr Wohlbefinden macht.

WAHRHEIT 6: GESUNDHEIT IST NICHT DAS WICHTIGSTE, AUCH WENN ES ALLE SAGEN

Vor einigen Jahren lernte ich auf Facebook einen sympathischen jungen Mann kennen. Dabei stellte sich bald heraus, dass er der Partner einer geschätzten beruflichen Bekannten von mir war. Wir freuten uns über den Zufall und verabredeten uns zu dritt in einem Biergarten. Durch seine Beiträge wusste ich bereits, dass er von gesundheitlichen Problemen geplagt wurde, denn er schrieb regelmäßig darüber und zeigte auf Fotos, wie beschwerlich sie seinen Alltag machten. Mal war er gestürzt, was häufiger vorzukommen schien, und hatte sich einen komplizierten Bruch zugezogen. Dann quälte er sich bei einer Reha mit Übungen herum, die ihm erkennbar schwerfielen. Er berichtete auch von Depressionen.

Beide waren schon vor mir im Lokal, und als er sich mühsam erhob, um mich zu begrüßen, sah ich, dass er sich auf Krücken stützte. Ich erfuhr, dass er an einer neurologischen Erkrankung leidet, die unheilbar und fortschreitend ist. Deswegen wird er zukünftig einen Rollstuhl brauchen. Aber er lächelte und sprach nicht weiter über seine Krankheit, sondern über seine Interessen und Pläne, dass beide heiraten und eine Familie gründen wollten. Er hatte in einem internationalen Konzern eine beachtliche

Karriere gemacht. Anspruchsvolle Projekte beschäftigten ihn. In seiner Freizeit war er künstlerisch aktiv. Seine Gesundheit war nicht die beste, aber er war entschlossen, das Beste aus seinem Leben zu machen.

Wichtig, aber nicht alles entscheidend

Bei den verschiedensten Gelegenheiten – wenn jemand niest, genauso wie zum Geburtstag oder zum neuen Jahr – wünscht man sich Gesundheit. Häufig wird noch angefügt, sie sei schließlich das Wichtigste überhaupt. Die körperliche Verfassung hat tatsächlich einen bedeutsamen Einfluss auf die Lebensqualität und -dauer. Aber sie steht trotzdem nicht über allem anderen, sondern ist nur eine Dimension unserer Existenz. Auch chronisch kranke, ältere und behinderte Menschen können ein sinnvolles, glückliches Leben führen. Daher lautet die sechste Wahrheit des Lebens: Gesundheit ist nicht das Wichtigste, auch wenn es alle sagen.

Bei meinen Coachings klingt das Thema bei einer Frage an, die spätestens ab Ende 30 bedeutsam wird: was denn nun das Wichtigste im Leben sei. In diesen Gesprächen ist von der angeblich so bedeutenden Gesundheit kaum die Rede. Stattdessen scheinen es lange die Ausbildung und ein erfolgreicher Berufseinstieg zu sein, später die Partnersuche und Familiengründung. Sehr wohl werden gesundheitliche Einschränkungen angesprochen, auch das eigene Altern. Aber erstaunlich unsentimental und pragmatisch: Sie prägen das Leben, müssen es aber nicht entscheiden. Als

Coach bin ich oft beeindruckt davon, denn darin zeigen sich Stärke und der Mut, die körperliche Beschränktheit, wenn sie einmal bewusst wird, gelassen anzunehmen.

Immer gebraucht

Noch in meiner Zeit als Journalist besuchte ich einmal ein Pflegeheim, das sich auf die besonderen Bedürfnisse dementer älterer Menschen spezialisiert hatte. Die Gemeinschaftsräume waren im Stil ihrer Jugend eingerichtet und dekoriert worden. So standen in der Küche rustikale Möbel und ein Elektroherd aus den 40er-Jahren, daneben ein Röhrenradio, Waschzuber und Zinkeimer. Die Wände waren gekalkt und mit Rollfarbe verziert, darunter glänzte ein blauer Ölsockel, wie es damals üblich war. Die Bewohner erkannten trotz ihrer Erkrankung vieles wieder, selbst wenn sie das Heute vergessen hatten. Das gab ihnen das beruhigende Gefühl, zu Hause zu sein, auch wenn sie längst in einer anderen Zeit lebten. Wie sich zeigte, litten sie dadurch tatsächlich weniger an Ängsten, Depressionen und Desorientierung.

Zum Konzept gehörte auch, dass sich die Bewohner beteiligen sollten, wo immer es ihnen möglich war. So kam ich gerade dazu, als eine ganze Gruppe in der Küche saß, Kartoffeln für das Mittagessen schälte und Gemüse putzte, sich dabei angeregt unterhielt und lachte. Ein älterer Herr, der das meiste über sich selbst vergessen hatte, spielte auf seiner Mundharmonika noch immer fehlerfrei die Lieder seiner Jugend. Wer nur wenig eingeschränkt war, half am

Empfang, in der Wäscherei oder in der Telefonzentrale mit. Finanziell lohne sich das nicht, meinte der Betreiber, Fachkräfte seien schneller und zuverlässiger. Aber therapeutisch sei es von unschätzbarem Wert für die Bewohner, gemeinsam mit anderen weiterhin aktiv zu sein und die Bestätigung zu erhalten, dass sie noch gebraucht würden.

Ich musste an die alten Leute im Dorf meiner Kindheit denken. Meine Urgroßmutter stand bis ins hohe Alter gegen 4.30 Uhr auf, machte sich zurecht, versorgte ihre Schweine, Gänse und Hühner und packte dann ihre Ware für den Bauernmarkt zusammen. Mit ihrer Hucke auf dem Rücken ging sie barfuß erst zur katholischen Messe um 6.30 Uhr, dann weitere zwei Kilometer bis zur Bahnstation im Ort, um in die nächstgelegene Kreisstadt zu fahren. Wenn sie mittags alles verkauft hatte, fuhr sie zurück, machte sich nach dem Essen an die Feldarbeit oder half im Weinberg der Familie mit. Abends brauchten die Tiere sie wieder und ihre Beete mussten bewässert, gejätet und geerntet werden. Um 18 Uhr ging sie zur Abendmesse, dann ins Bett. Sie wurde sehr alt und trotz Arthrose in den Händen und anderer Beschwerden arbeitete sie bis zuletzt und war eine fröhliche, zufriedene Frau. Sie war zu beschäftigt, um sich mit ihren Beschwerden aufzuhalten, die sie ganz sicher trotzdem belasteten. Jean-Dominique Bauby, Chefredakteur des Modemagazins *Elle,* war nach einem Schlaganfall im Alter von 43 Jahren fast vollständig gelähmt und stumm. Er konnte nur noch seinen Kopf ein wenig drehen und mit dem linken Auge blinzeln. Dennoch fand er einen Weg, sich verständlich zu machen: Er blinzelte seinem Gegenüber immer dann zu, wenn dieser ihm den gewünschten Buchstaben des Alphabets nannte. So konnte Bauby ohne ein gesprochenes Wort übermitteln, was er dachte und was ihn beschäftigte. Im Verlauf von zehn Monaten diktierte er Buchstabe für Buchstabe ein ganzes Buch, *Schmetterling und Taucherglocke,* das später auch verfilmt wurde. Die geistige Klarheit, friedliche Gelassenheit und der heitere Ton, in dem er seine Lage beschreibt und auf sein Leben zurückblickt, sind beeindruckend. Er hatte viele Fähigkeiten verloren, aber sich selbst behalten.

Keiner lebt ganz ohne Beschwerden

Jeder wünscht sich selbstverständlich, gesund zu sein. Doch dabei kann es sich immer nur um einen relativen Zustand handeln, also: *vergleichsweise* gesund. Niemand ist lebenslang ohne irgendwelche Beschwerden. Die Weltgesundheitsorganisation definiert Gesundheit in ihrer Verfassung so: »Ein Zustand vollkommenen körperlichen, geistigen und sozialen Wohlbefindens und nicht nur die Abwesenheit von Krankheit oder Gebrechen.« Das ist ehrenwert, aber illusorisch: Dauerhafte Perfektion in sämtlichen Bereichen ist unerreichbar. Derart definiert wäre niemand gesund, und tatsächlich fühlt sich mancher inzwischen so.

Für viele sind die heutigen übergroßen Sorgen um die eigene Gesundheit geschäftsfördernd: für Krankenversi-

cherer und Betreiber von Kliniken, Kur- und Sportein-
richtungen, Pharmaunternehmen, Hersteller von Medi-
zinbedarf und Nahrungsergänzungsmitteln. Für Ärzte,
Heilpraktiker, Therapeuten und Berater. Das hat für eine
bessere Allgemeingesundheit und eine höhere Lebenser-
wartung gesorgt, aber nicht unbedingt für mehr Zufriedenheit. Wenn perfekte Gesundheit das Ziel ist, scheinen
alle Mühen am Ende trotzdem vergebens, denn: Einmal
wird jeder doch krank und schlussendlich auch alt.

Realistisch bleiben

Manfred Lütz plädiert für einen pragmatischen Realis-
mus. In seinem Buch *Lebenslust* schreibt er: »Was sagt der
gute alte Hausarzt auf die Frage, was denn eigentlich ›gesund‹ sei? Wer, wenn nicht er, muss es wissen? Gesund, so
antwortete mir ein älterer, erfahrener Kollege, sei ein
Mensch, der mit seinen Krankheiten einigermaßen glücklich leben könne. Das ist es! Diese Definition wirkt zwar
etwas glanzlos, aber sie ist seriös und die einzige Möglichkeit, unrealistische oder utopische Gesundheitsdefinitio-
nen zu vermeiden und wenigstens eine Ahnung von wirk-
licher Gesundheit zu vermitteln.«[5] Wenn man das nicht
wahrhaben will, horcht man bald nur noch in sich hinein,
deutet jedes Signal des eigenen Körpers besorgt und will
sämtliche Risiken vermeiden, seien sie auch noch so minimal (z. B. das theoretische Krebsrisiko durch geräucherte
Lebensmittel). Bei jeder Studie, die in den Nachrichten
erwähnt wird, grübelt man, welche möglichen Gefahren

eventuell für einen selbst drohen. Damit überlässt man sich unnötigen Sorgen und der Angst vor der eigenen Vergänglichkeit. Verliert unnötig Spontanität und Lebensfreude, nur um festzustellen, dass das Ziel der perfekten, ewigen Gesundheit doch nicht erreichbar ist.

Moderat bleiben, so für sich sorgen

Das Christentum spricht sich für einen moderaten Lebensstil aus, es empfiehlt also, Extreme zu vermeiden. Es kennt weder spezielle Ernährungsvorschriften noch Verbote von bestimmten Speisen oder Getränken. Das erste Wunder, das Jesus öffentlich vollbringt, besteht darin, während einer Hochzeitsfeier Wasser in Wein zu verwandeln (Johannes 2, 1–12). Die Empfehlung ist also Mäßigung, die gesunde Mitte zwischen Völlerei und Trunksucht einerseits und Askese andererseits. *»Sich in körperlichen Entbehrungen zu üben bringt nur wenig Nutzen. Aber sich im Gehorsam gegen Gott zu üben ist für alles gut; denn es bringt Gottes Segen für dieses und für das zukünftige Leben«* (1. Timotheus 4, 8). Der Schwerpunkt liegt auf *spiritueller Gesundheit,* die entscheidend ist auch für das Leben über den Tod hinaus.

Die Seele sitzt dabei nach christlicher Vorstellung übrigens im irdischen Körper an keinem speziellen Ort, etwa in Hirn oder Herz, sondern umfasst ihn vollständig. Gott schafft sie danach im Moment der Empfängnis und gibt ihr nach dem körperlichen Tod einen neuen Körper, dann einen himmlischen. *»Wenn das irdische Zelt, in dem wir*

jetzt leben, nämlich unser Körper, abgebrochen wird, hat
Gott eine andere Behausung für uns bereit: ein Haus im
Himmel, das nicht von Menschen gebaut ist und das in
Ewigkeit bestehen bleibt« (2. Korinther 5, 1).

Die Endlichkeit des irdischen, biologischen Körpers ist gesetzt. Er altert und vergeht einmal. Gott spricht dazu in der Bibel: *»Ich lasse meinen Lebensgeist nicht für unbegrenzte Zeit im Menschen wohnen, denn der Mensch ist schwach und anfällig für das Böse. Ich begrenze seine Lebenszeit auf 120 Jahre«* (1. Mose 6, 3). Tatsächlich kamen die ältesten Menschen, deren Daten nachprüfbar sind, höchstens knapp an diese Grenze. Die Französin Jeanne Calment (1875 bis 1997) ist die bisher einzige bekannte Ausnahme: Sie wurde 122 Jahre und 164 Tage alt. Dabei rauchte sie bis fast an ihr Lebensende, natürlich gegen den Rat ihrer Ärzte.

Ewige Würde

Das christliche Verständnis von Menschenwürde beruht nicht auf unserer individuellen Leistung, etwa aufgrund unserer körperlichen oder geistigen Stärke oder beruflichen Erfolge auf dieser Basis, sondern auf unserer Schöpfung durch Gott und unserer Ähnlichkeit mit ihm. *»So schuf Gott die Menschen nach seinem Bild, als Gottes Ebenbild schuf er sie und schuf sie als Mann und als Frau«* (1. Mose 1, 27). Auch das deutsche Grundgesetz bezieht daraus sein Versprechen in Artikel 1, dass die Würde des Menschen unantastbar sei (»Im Bewusstsein seiner Verantwortung vor Gott und den Menschen«). Dieses Verständnis ist der Gegenentwurf zur Leistungsgesellschaft: Es schließt auch Kranke, Alte und Behinderte ein, die nur begrenzt etwas leisten können.

Auch hier hat die deutsche Geschichte bereits die gegenteilige Denkweise und damit Praxis der atheistischen Gesellschaften gesehen, die Würde – und Lebensrechte – an politischen, ökonomischen und praktischen Kriterien festmachten. Die systematischen Behinderten- und Krankenmorde im Nationalsozialismus standen in dieser Logik, ebenso aber auch die weitgehend freigegebene Tötung ungewollten Lebens im Sozialismus. So kamen in der DDR auf 100 Lebendgeburten bis zu 47 Abtreibungen. In diesen Grenzbereichen zeigt sich besonders deutlich, was die Konsequenz ist, wenn die Göttlichkeit in jedem menschlichen Leben verleugnet wird und stattdessen andere Kriterien zählen. Daraus erklärt sich zugleich der lange Einsatz des Christentums für diejenigen, die von der Gesellschaft nicht gewollt oder ihr lästig sind.

Überlegen, warum Sie sich so sorgen

Natürlich empfiehlt es sich, so zu leben, dass Sie möglichst lange gesund bleiben. Ernähren Sie sich vernünftig, vermeiden Sie übermäßig Alkohol, Zigaretten und Drogen. Bewegen Sie sich, schlafen Sie ausreichend und erholen Sie sich nach Anstrengungen. Beschäftigen Sie sich aber ansonsten nicht weiter damit, indem Sie etwa gewohnheitsmäßig medizinische Informationen (z. B. Studien) auf sich bezogen überdenken, Ihre Körperfunktionen messen, sich Ernährungspläne erstellen, Nahrungsergänzungsmittel einnehmen oder überlegen, wie viel Wasser Sie nun jeden Tag genau trinken müssen, wenn Ihr Arzt nichts davon für notwendig hält. Kurz: Achten Sie auf die gesunde Mitte, nicht ständig auf Ihre Gesundheit. Wenn Sie feststellen, dass Ihre Gedanken ständig um Ihre Gesundheit kreisen, zeigt Ihnen das einen spirituellen Bedarf: Ihr Selbstbewusstsein baut zu stark auf Ihrer Leistungsfähigkeit, Ihrem Aussehen und Ihrer Kraft auf. Ganz normale Gedanken an Vergänglichkeit und Endlichkeit belasten und ängstigen Sie übermäßig. Suchen Sie sich dann neue Quellen Ihrer Selbstvergewisserung (z. B. Aufgaben, die Sie erfüllen und ablenken, aber auch das Gebet um mehr innere Kraft). Fragen Sie chronisch kranke, behinderte oder ältere Verwandte oder Freunde auch einmal respektvoll, aber ohne Scheu, wie sie mit diesem Aspekt des Lebens umgehen. Solche Erfahrungen anderer relativieren vieles und regen zu mehr Dankbarkeit und Gelassenheit an, aber auch zum Verständnis gegenüber anderen Menschen.

Wahre Bedürfnisse

Wenn Sie akut krank sind, an einer chronischen Erkrankung leiden oder mit einer Behinderung leben, ist es normal, dass Sie sich mehr mit Ihrer Gesundheit beschäftigen müssen, als Ihnen lieb ist. Versuchen Sie, sich gleichwohl Spaß, Freude und Genuss zu erhalten – um nie zu vergessen, warum das Leben trotzdem schön ist. Achten Sie bei den Reaktionen anderer auf Ihre Beschwerden (z. B. Ausweichen, Abwehr) darauf, welche Ängste und Sorgen Sie darin erkennen. Ihr Vorbild kann zeigen, wie man würdevoll damit umgeht und wie realistische Erwartungen aussehen könnten. Aber auch, dass es zu oberflächlich und kurzlebig ist, andere vor allem nach ihrem Aussehen, Figur, Kraft oder Gesundheit zu beurteilen, weil keiner das ewig behalten wird.

Angemessener Stellenwert

Wer seiner körperlichen Gesundheit ihren angemessenen Stellenwert gibt, achtet auf sie, ohne sie ständig in den Mittelpunkt zu stellen oder ständig darum besorgt zu sein. Kleinere und größere Beschwerden sind unvermeidbar und gehören zum Leben. Eine Erkrankung oder Behinderung genauso wie das eigene Altern erfordern zwar gewisse Anpassungen und Maßnahmen (z. B. spezielle Ernährung, Untersuchungen), aber sie müssen nicht das gesamte Leben dominieren. Zeiten *relativ* guter Gesundheit sind Anlass für besondere Dankbarkeit. In diesen Phasen sollten Sie unternehmen, was nur so möglich ist (z. B. eine anstrengende Wanderung), anstatt es auf »später mal« zu verschieben, und auch Bedürftigen verstärkt helfen. Wer spirituell gesund ist, muss sich nicht ständig mit seiner körperlichen Gesundheit beschäftigen.

Besonders zäh

Der junge Mann, den ich eingangs beschrieb, hat inzwischen seine Freundin geheiratet und ist Vater geworden, auch wenn seine körperliche Verfassung gleichermaßen weiterhin eine große Herausforderung ist. Das erwähnte Altenheim speziell für Demenzkranke gibt es noch immer, das Modell wurde für viele Einrichtungen anderswo übernommen. »Gesundheit ist zwar nicht alles, aber ohne Gesundheit ist alles nichts«, hat der Philosoph Arthur Schopenhauer (1788 bis 1860) gesagt. Er führte eine 10-jährige Beziehung mit der anfangs 19-jährigen Opernsängerin Caroline Medon, heiratete sie aber nie, weil er sie für kränklich hielt. Eine Fehleinschätzung: Sie wurde 80 Jahre alt und überlebte ihn um 22 Jahre. Wer nicht ganz gesund ist, der ist dafür manchmal besonders zäh.

Eine spirituelle Übung:
Fasten für die Nähe zu Gott

Körperliche Bedürfnisse können selbst bei guter Gesundheit einen zu großen Raum einnehmen. Spirituelles Fasten ist eine Praxis, um dem entgegenzuwirken. Es war im Christentum mittwochs und freitags üblich. Erhalten haben sich die Tradition, freitags auf Fleisch zu verzichten, sowie die Fastenzeit von Aschermittwoch bis Ostern. Entscheiden Sie sich als Übung dafür, an drei aufeinanderfolgenden Freitagen auf Fleisch oder alle tierischen Produkte (auch Fisch, Eier, Milch, Käse) sowie Alkohol zu verzichten. Lesen Sie an diesen Tagen einen kurzen biblischen Text Ihrer Wahl und beten Sie für Klarheit in Bezug auf offene Lebensentscheidungen sowie für Menschen und Anliegen, die Ihnen wichtig sind. Spüren Sie einen Unterschied?

WAHRHEIT 7: SCHLECHTSEIN IST EINE VERSUCHUNG, DIE JEDEN LOCKT

In meinen ersten neun Berufsjahren als Journalist gehörte es zu meinen Aufgaben, über Kriminalfälle und Gerichtsprozesse zu berichten. Dadurch konnte ich viele Menschen beobachten und manchmal auch persönlich sprechen, die unbestreitbar Schlechtes getan hatten. Einen Jugendlichen, der seinen Vater mit einer Axt erschlagen hatte, weil er sich von ihm eingeschränkt fühlte. Eine Altenpflegerin, die einen vermögenden Patienten mit einem Stromschlag getötet hatte, um an sein Erbe zu kommen. Eine Ehefrau, die zwei Bekannte überredet hatte, ihren Mann von einem Staudamm zu stürzen, weil sie seiner überdrüssig geworden war. Männer, die Kinder missbraucht, Frauen, die ihre Neugeborenen getötet hatten. Brandstifter und Betrüger, die andere ruiniert, Autofahrer, die andere im Rausch überfahren hatten. Diese Begegnungen enttäuschten und ernüchterten mich, wenn man das so sagen darf. Es war überhaupt nicht so, wie es immer in Kriminalfilmen und -serien gezeigt und in Romanen erzählt wird. Kaum jemals war eine außergewöhnliche, faszinierende Persönlichkeit darunter, kaum einer hatte raffinierte Tatpläne und tiefgründige Motive. Ich traf auf durchschnittliche Ehepartner, Kollegen und Freunde, die aus Eifersucht, Neid, Habgier, Wut oder Gedankenlosigkeit etwas getan hatten, das meistens weder vorbereitet noch überlegt war. Es waren Leute wie du und ich.

Sich ein realistisches Selbstbild eingestehen

Wenn wir ehrlich sind, meinen wir alle, eigentlich gute Menschen zu sein, zumindest nicht so schlecht wie manche andere. Bis wir in einem stillen Moment einräumen müssen, dass wir durchaus auch andere Seiten haben; beispielsweise schon oft gelogen, bei den Spesen oder der Steuer betrogen, andere auf Facebook angegriffen oder in der Firma ein wenig intrigiert haben, um beruflich voranzukommen, oder vielleicht eine Affäre gehabt haben. Das führt zur siebten Wahrheit des Lebens: Schlechtsein ist eine Versuchung, die jeden lockt. Unsere Zerrissenheit ist inhärent menschlich. Für ein realistisches Selbstbild ist es wichtig, sich auch seine dunkle Seite einzugestehen und zu wissen, wie man sich damit versöhnt und darüber hinauswächst.

Verspätete Reue

An dieser Stelle möchte ich von einer Begebenheit erzählen, die mich vor einigen Monaten erneut zum Nachdenken über diese nicht ganz angenehme Wahrheit gebracht hat. Ich hatte mir vorgenommen, meine leider nur noch schwachen Russischkenntnisse aus der Schulzeit aufzufrischen, und mir deshalb ein Lehrbuch dafür gekauft. Als ich so darüber saß, dachte ich an meine damalige Lehrerin zurück. Was war wohl aus ihr geworden? Ich googelte ihren Namen, und bereits unter den ersten Ergebnissen war ihre Todesanzeige. Sie war zwei Jahre zuvor gestorben, noch bevor sie pensioniert war.

»Ich hab dich lieb, Mama«, hatte ihre Tochter unter die Anzeige geschrieben. »Du fehlst mir so unendlich sehr, deine Stimme, dein Lachen, unsere Gespräche. Der Schmerz wird einfach nicht weniger.« Ihr Sohn hatte erst einige Tage zuvor kommentiert: »Es ist jetzt zwei Jahre her und tut immer noch weh.« Weiter unten stand ein älterer Beitrag von ihm: »Vor einem Jahr konnte ich noch deine Hand halten und jetzt ist alles so anders.«

Die Fotos, die ihre Familie veröffentlicht hatte, zeigten unsere damalige Lehrerin als junge Frau mit Pagenschnitt, wie ich sie drei Jahrzehnte später immer noch in Erinnerung hatte. Damals war uns nicht aufgefallen, was für eine hübsche Frau sie war, aber auch nicht, wie jung noch und wahrscheinlich idealistisch sie war. Wir waren damit beschäftigt gewesen, sie zu provozieren und zu sehen, wie weit wir es treiben konnten – würde sie wütend aus dem Zimmer laufen, gar in Tränen ausbrechen?

Dem Alter nach waren wir ihre erste Schulklasse nach dem Studium, auch daran dachten wir nicht. Unsere Lehrerin war, soweit ich zurückdenken kann, nicht böse auf uns, zumindest zeigte sie es nicht, und bei allen beliebt. Ich hatte sie einige Male auch zu Hause besucht, um etwas vorbeizubringen oder abzuholen, und sie war sehr freundlich gewesen. Aber es reute und beschämte mich all die

Jahre später, dass wir es ihr völlig unnötig – aus gedankenloser, grausamer Spielerei zu unserem Vergnügen – schwer gemacht hatten. Ich könnte mich damit beruhigen, dass sie uns sicher schon bald wieder vergessen hatte, spätestens, als sie ihre nächste Klasse bekam. Aber ich weiß es nicht. Ich könnte auch sagen, dass wir damals noch Kinder waren. Das wäre jedoch Selbstbetrug. Wir wussten, was wir taten, nur interessierten uns die Folgen nicht.

Ich denke dabei auch an eine eigene Beobachtung zurück. Einige Jahre habe ich in unserer Kirchengemeinde sonntags mitgeholfen, die Zwei- bis Vierjährigen zu betreuen, während deren Eltern im Gottesdienst waren. Meistens waren wir drei Erwachsene für 15 bis 20 Kinder. Wir spielten mit den Mädchen und Jungen, erzählten ihnen Geschichten, sangen und aßen etwas.

Dabei fiel mir etwas auf, das ich vorher nie so erkannt hatte: Schon diese ganz Kleinen taten ganz bewusst, was nicht recht war – und was sie erkennbar auch bereits verstanden. Von allen Spielzeugen exakt das eine fordern, das ein anderes Kind hatte, und es ihm notfalls mit Gewalt entreißen. Jemandem ein Modellauto auf den Kopf schlagen, nur um zu sehen, wie er reagieren wird, einem anderen den Bauklötzchenturm umreißen, den er gerade stolz aufgerichtet hat. Kurz: Die Grenzen des Erlaubten ausprobieren. Fast interessiert beobachteten sie dann, wie das andere Kind litt oder gar zu weinen begann – und senkten schnell schuldbewusst den Kopf oder beschäftigten sich angelegentlich mit etwas, wenn ein Erwachsener dazu-kam. Sie würden durch die Ermahnungen und Erziehung lernen, ihren Impulsen zukünftig nicht derart nachzuge-ben. Aber angelegt waren und sind diese erkennbar schon.

Auf andere zu weisen ist vor allem Selbstschutz

Wir hadern mit der Wahrheit, dass wir alle auch das Schlechte in uns tragen, weil keiner derart zweifelhaft da-stehen, sich belehren und zur Demut rufen lassen möchte. Das geht ans Selbstbewusstsein, wenn es darauf gründet, dass man – von vernachlässigbaren Ausnahmen abgese-hen – eigentlich immer alles ganz gut macht. Der klassi-sche Ausweg liegt darin, es entweder ganz zu bestreiten oder darauf zu verweisen, wie viel schlimmer andere sind. Angesichts straf- oder gar völkerrechtlich relevanter Taten (z. B. Mord oder Kriegsverbrechen) scheinen die eigenen Verfehlungen fast völlig zu verblassen.

Dem liegt ein fundamentaler Selbstbetrug zugrunde: dass nämlich nur die drastischsten Verfehlungen zählen, also eigentlich nur Kapitalverbrechen. Ganz anders, gera-dezu verheerend sieht die persönliche Bilanz aus, wenn man einmal addiert, wo man überall – in Form von alltäg-lichen Kleinigkeiten – das Böse getan und das Gute unter-lassen hat. Im Büro heimlich etwas mitgenommen, einem Kollegen vorgeschwindelt, dass man keine Zeit habe, ihm etwas abzunehmen, an einem Bettler vorbeigegangen, ob-wohl man ihm hätte helfen können, den Partner unge-recht angefahren … Jeder Tag ist dann gefüllt mit Sünden.

Zu schwere Last

Keiner könnte allein mit der Last des Eingeständnisses leben, dass es bereits mit einigen der Zehn Gebote (2. Mose
20, 2–17) – Gott allein verehren, ein arbeitsfreier Wo-
chentag, kein Neid auf den Besitz oder Partner anderer,
keine außerehelichen Affären – knapp wird. Doch wer
sich dieser Wahrheit verweigert, täuscht sich über die eigene Natur und bringt sich zudem um die Erlösung, wie
sie der christliche Glaube anbietet. Gleichzeitig führt der
Druck, sich selbst besser darzustellen und von den eigenen Schwächen abzulenken, unweigerlich dazu, andere
übermäßig harsch zu beurteilen, um sich seiner selbst zu
vergewissern.

Dabei kommt mir eine prominente ehemalige Kollegin
in den Sinn, die auf Twitter über viele Jahre hinweg scharf
formulierte Lob- und Tadelkärtchen an andere ausgeteilt
hat. Das fand lange viel Applaus, aber unweigerlich häuf-
ten sich irgendwann die Situationen, in denen sie ebenso
gnadenlos von anderen beurteilt wurde. Inzwischen sehe
ich, wie viele heikle Tweets sie bereits gelöscht hat, wie viel
zurückhaltender sie mit ihren Urteilen geworden ist. Wer
um das Böse in sich weiß, vergibt anderen ihre Verfehlungen leichter, und wer es offen eingesteht, belastet sich nicht
ewig mit ihnen, sondern kann sich darauf konzentrieren,
besser zu werden.

Das Gute vornehmen, aber zu schwach, es auszuführen

Das christliche Menschenbild ist mir immer als realistisch und gleichzeitig tröstlich erschienen. Es geht davon aus, dass wir guten Willens, aber unfähig sind, das Gute zu tun – und zwar von Geburt an (ausgedrückt im Begriff »Erbsünde«), nicht erst aufgrund der Umstände. Der Apostel Paulus schreibt: »*In uns selbst, so wie wir der Sünde ausgeliefert sind, lebt nicht die Kraft zum Guten. Wir bringen es zwar fertig, uns das Gute vorzunehmen; aber wir sind zu schwach, es auszuführen. Wir tun nicht das Gute, das wir wollen, sondern gerade das Böse, das wir nicht wollen*« (Römer 7, 18–19). Das bedeutet: Keiner hat Grund, sich über den anderen zu erheben.

Als Christ kann man sich also weder auf sein vermeintliches Bessersein etwas einbilden noch mit Recht auf andere herabschauen, muss sich aber auch nicht unendlich damit belasten, weiterhin viele Schwächen zu haben. »*Alle sind schuldig geworden und haben die Herrlichkeit verloren, in der Gott den Menschen ursprünglich geschaffen hatte*« (Römer 3, 23). Dazu gehört aber auch die Gewissheit, dass uns Gott als unser Schöpfer kennt und daher liebevoll und mitfühlend sieht: »*Wie ein Vater mit seinen Kindern Erbarmen hat, so hat der Herr Erbarmen mit denen, die ihn ehren. Er weiß, was für Geschöpfe wir sind; er kennt uns doch: Wir sind nur Staub!*« (Psalm 103, 13–14). Für uns Menschen untereinander gilt: Wer weiß, dass wir alle am Anspruch scheitern, tut schon aus eigenem Interesse gut daran, anderen großzügig zu vergeben.

Um Vergebung bitten

Entsprechend ist es christliche Praxis, sich sowohl für sich selbst wie im Gottesdienst die persönliche und gemeinschaftliche Schuld einzugestehen. Eine gebräuchliche Formel, die zusammen gesprochen wird, lautet: »*Ich bekenne Gott, dem Allmächtigen, und allen Brüdern und Schwestern, dass ich Gutes unterlassen und Böses getan habe. Ich habe gesündigt in Gedanken, Worten und Werken durch meine Schuld, durch meine Schuld, durch meine große Schuld.*« Eine weitere Erleichterung ist die regelmäßige Beichte, also das vertrauliche Geständnis gegenüber einem Priester, Pfarrer oder geistlichen Begleiter. Auch er wird Ihnen danach zusichern, dass Gott Ihnen wegen Ihrer ehrlichen Reue vergibt. Nicht er als Mensch tut es, sondern Gott durch ihn.

Die Bitte um Vergebung für die eigenen Fehler wie auch die erklärte Bereitschaft, anderen zu vergeben, sind Teil des »Vaterunsers«. Dieses bekannteste Gebet, von Jesus selbst seinen Nachfolgern nahegelegt, enthält dafür die Zeilen: »*Vergib uns unsere Schuld, wie auch wir allen vergeben haben, die an uns schuldig geworden sind.*« Sie finden das vollständige »Vaterunser« in zwei Varianten in Matthäus 6, 9–13 und Lukas 11, 2–4. Es ist hilfreich, es immer wieder zu sprechen. Manche tun dies sogar jeden Tag einmal, etwa vor dem Schlafengehen.

Mit all dem schützen Sie sich vor zwei Übertreibungen. Einerseits vor Verleugnung: dass Sie keine gravierenden

Schwächen hätten, andere schuld oder viel schlimmer wären – das wäre Realitätsverweigerung. Andererseits schützen Sie sich vor Selbstverdammung: dass Ihre Vergehen so unentschuldbar seien, dass Ihnen keiner mehr helfen könne. Das wäre die Entscheidung, jede Hoffnung aufzugeben und ganz in Verzweiflung zu leben. Dabei ist es absolut möglich einzugestehen, dass man die klassischen Charakterfehler, die nach alter Überzeugung zu Sünden führen – Hochmut, Habgier, Wollust, Zorn, Völlerei, Neid und Trägheit –, gelegentlich auch selbst zeigt, gleichzeitig zu wissen, dass man damit nicht alleingelassen ist.

Fehler eingestehen, Schäden wiedergutmachen

Wenn Sie sich eingestehen müssen, dass Sie etwas Schlechtes getan haben, sprechen Sie das am besten zweimal aus. Im ersten Schritt sich und Gott gegenüber in einer der oben beschriebenen Formen oder in einem formlosen Gebet (»Lieber Gott, ich habe etwas falsch gemacht …«). Bitten Sie um Vergebung, aber auch um Kraft für einen Neuanfang. Wenn Sie dazu bereit sind, sprechen Sie darüber mit einem Priester, Pfarrer oder geistlichen Begleiter. Am besten in einem wöchentlichen oder monatlichen Rhythmus. Dann werden diese Gespräche zu einer schönen Gewohnheit, die Ihnen die Scheu nimmt und es Ihnen erlaubt, ganz unterschiedliche Aspekte gemeinsam zu besprechen.

Der zweite Schritt ist Wiedergutmachung an demjenigen, dem Sie geschadet haben, soweit das möglich ist.

Manchmal ist eine formelle Entschuldigung angemessen – persönlich, in einem Anruf, per Brief oder E-Mail. Zu sagen: »Es tut mir leid. Mir war damals nicht klar, was ich damit anrichte.« Oder: »Ich bereue, was ich damals angestellt habe, und bitte um Verzeihung.« Sprechen Sie aus, was Ihnen auf der Seele liegt, offen und aufrichtig. Bei Straftaten wird meist eine Geld- oder gar Haftstrafe verhängt, bei zivilen Streitigkeiten ein Schadenersatz verlangt (z. B. Nachzahlung, Schmerzensgeld). Bei privaten Fehlern braucht es oft gar nicht viele Worte. Ein verändertes Verhalten zeigt dem anderen bereits, dass Sie umgedacht haben und es ernst damit meinen, sich zukünftig anders zu verhalten.

Großzügig vergeben

Wenn Sie von anderen verletzt oder geschädigt worden sind, reagieren Sie so, wie Sie nach einem schwachen Moment selbst behandelt werden möchten. Sprechen Sie den Fehler an (»Das war nicht in Ordnung«) und benennen Sie, welche Folgen er für Sie hatte. Tun Sie das am besten in einem vertraulichen Gespräch oder in einer privaten Nachricht, um Ihr Gegenüber nicht öffentlich bloßzustellen. Sehen Sie sich nicht berechtigt, ihm nun das Gleiche anzutun: »*Wenn euch jemand Unrecht tut, dann zahlt es niemals mit gleicher Münze heim. Seid darauf bedacht, vor den Augen aller Menschen bestehen zu können. So weit es möglich ist und auf euch ankommt, lebt mit allen in Frieden. Nehmt keine Rache, holt euch nicht selbst euer Recht, meine Lieben, sondern überlasst das Gericht Gott*« (Römer 12, 17–19).

Vergeben Sie also großzügig. Wie oft? Jesus sagte auf die Frage, ob sieben Mal genug wären: »*Nein, nicht siebenmal, sondern siebzigmal siebenmal!*« (Matthäus 18, 22).

Als wäre nichts geschehen

Wer seine Fehler eingestanden, ehrlich bereut und – soweit möglich – korrigiert hat, darf die Vergangenheit hinter sich lassen. Manche Menschen werden Ihnen nie verzeihen wollen, Sie selbst vielleicht auch noch lange mit sich hadern. Aber Sie dürfen darauf vertrauen, dass Gott Ihnen vergeben hat. Mehr noch: Er hat Ihre Fehler so vergessen, als wären sie nie geschehen. »*Der Herr ist voll Liebe und Erbarmen, voll Geduld und unendlicher Güte. Er klagt nicht immerfort an und bleibt nicht für alle Zeit zornig. Er straft uns nicht, wie wir es verdienten, unsere Untaten zahlt er uns nicht heim. So unermesslich groß wie der Himmel ist seine Güte zu denen, die ihn ehren. So fern der Osten vom Westen liegt, so weit entfernt er die Schuld von uns*« (Psalm 103, 8–12). Sie können die Vergangenheit nicht rückgängig machen, aber sie also auf sich beruhen lassen und sich auf Gegenwart und Zukunft konzentrieren. Erwähnen Sie Ihre alten Fehler nicht mehr groß und übergeben Sie, wenn alte Reue noch einmal aufflammt, diese in einem kleinen Gebet an Gott. Bitten Sie nicht mehr darum, dass Ihnen vergeben wird, das ist bereits geschehen – sondern darum, dass Sie es annehmen lernen.

Ein reiches Leben

Nachdem ich vom frühen Tod meiner ehemaligen Lehrerin erfahren hatte, die wir so unnötig belastet hatten, habe ich ihrer Tochter eine Beileidsnachricht geschrieben. Sie bedankte sich und antwortete, dass sie von vielen ehemaligen Schülern gehört habe, was ein großer Trost für die Familie gewesen sei. Ihre Mutter habe ihren Beruf geliebt und bis zuletzt gern ausgeübt. Sie habe ein reiches, erfülltes Leben gehabt, auch wenn es zu früh endete. Wie die Geschichten der Straftäter, über die ich einst als Reporter berichtet habe, weitergegangen sind, weiß ich im Einzelfall nicht. Die Statistiken des Bundeskriminalamtes legen nahe, dass etwa die Hälfte nach geleisteter Strafe unbescholten wieder in Freiheit lebt, die andere rückfällig wird.

Eine spirituelle Übung:
Eine beschädigte Beziehung wieder heilen

Auch in Ihrem Leben wird es jemanden geben, dem Sie absichtlich oder versehentlich unrecht getan haben. Entschuldigen Sie sich bei diesem Menschen dafür – persönlich oder in einem Brief. Ihre Nachricht kann kurz sein, Sie müssen nicht mehr viel erklären. Nur, dass Sie Ihren Fehler erkannt haben und bereuen. Fordern Sie nichts, erwarten Sie keine Antwort. Ihre Nachricht ist nur ein Angebot. Sollte jemand nicht mehr erreichbar sein (z. B. wegen eines Kontaktabbruchs oder weil sie oder er verstorben ist), sprechen Sie Ihre Nachricht als kleines Gebet und vertrauen Sie alles Weitere Gott an. Belasten Sie sich nicht mehr damit, sondern denken Sie dankbar an die gemeinsamen guten Erlebnisse zurück.

WAHRHEIT 8: SEINEN NÄCHSTEN LIEBEN IST OFT MÜHSAM, ABER LOHNENSWERT

In einem Unternehmen, in dem ich vor langer Zeit einmal gearbeitet habe, verschwand eines Tages in einer Abteilung ein wertvolles technisches Gerät. Keiner der Mitarbeiter, die Zugang dazu gehabt hatten, konnte angeblich sagen, wo es war. Jeder bestätigte, es weder mitgenommen zu haben noch etwas über seinen Verbleib zu wissen. Die Nachforschungen verliefen ergebnislos. Aber unser Chef hatte die Seriennummer des Gerätes in den Dokumenten gefunden und informierte den zuständigen Kundendienst. Man möge ihn benachrichtigen, wenn es einmal zur Wartung oder Reparatur eingeschickt würde. Schließlich kam der fast schon nicht mehr erwartete Anruf: »Wir haben es!«

Ein junger Kollege und Familienvater, noch immer für das Unternehmen tätig, hatte es gestohlen und wollte es, als er den Diebstahl für vergessen hielt, technisch überprüfen lassen. Unser Chef hörte sich die Notlügen des Mitarbeiters und – als nichts mehr zu bestreiten war – seine hilflose Beteuerung an, dass er sich sein Verhalten selbst nicht erklären könne. Es ließ sich nicht sagen, ob die gezeigte Reue echt oder nur taktisch war. Eine Anzeige hätte ein Strafverfahren und seine fristlose Entlassung bedeutet. Sein Ruf unter den Kollegen wäre ruiniert gewesen. Unser Chef entschied anders, um ihn davor zu bewahren. Er schlug ihm vor, das Gerät an einen bestimmten Platz zurückzustellen, wo es »wiedergefunden« würde. Er wolle gegenüber Geschäfts- und Personalleitung niemals darüber sprechen, obwohl das die Vorschrift war, wenn sich der Kollege nie wieder etwas zuschulden kommen ließe. So geschah es. Auch der Kollege hielt sein Versprechen, blieb und arbeitete noch viele Jahre zuverlässig.

NÄCHSTENLIEBE KOSTET ETWAS, WEIL SIE KONKRET IST

Wenn Menschen um einen herum in Not sind, dann meistens nicht ganz ohne eigene Schuld. Sie haben falsche Entscheidungen getroffen, Wichtiges vernachlässigt oder ganz versäumt. Man weiß es, hat vielleicht sogar vergeblich darauf hingewiesen und soll nun helfen. Das macht es oft mühsam, seinen Nächsten zu lieben – man kennt ihn zu gut. Man kann sich weder ins Romantisieren noch ins Abstrakte flüchten (»Ich möchte, dass es allen Menschen gut geht!«). Nächstenliebe ist konkret und deshalb immer verbunden mit dem Blick auf individuelle Schwächen und Fehler. Es kostet einen etwas. Deshalb lautet die achte Wahrheit: Seinen Nächsten lieben ist oft mühsam, aber lohnenswert. Es ist die Form der Liebe, auf die Jesus am meisten hingewiesen und die er besonders eindrucksvoll vorgelebt hat.

Im Coaching taucht die Schwierigkeit, seinen Nächsten zu lieben, immer dann auf, wenn es um alltägliche Belastungen geht. Da ist der alte Vater, der jahrelang meinte, »sehr gut allein« klarzukommen, und sich deshalb nicht wieder binden wollte, nun aber pflegebedürftig ist, manchmal zudem auch noch mäkelig, aggressiv oder weinerlich. Die einsame Nachbarin, die regelmäßig unter einem Vorwand klingelt, um Gesellschaft zu haben. Der ehemalige Partner, der auch Jahre nach der Trennung noch ständig über Whatsapp nach etwas fragt, was er selbst wissen müsste, vor allem aber Zuspruch sucht. Das erwachsene Kind, das noch immer versorgt werden will. Der Kollege, der nervt. All das sind unsere Nächsten, bei denen es uns oft schwerfällt, sie zu lieben.

Kleine große Hilfen

Auch dazu eine kleine Geschichte. Zwei Straßenecken von meiner Wohnung entfernt befindet sich eine Bäckerei, die bei schönem Wetter einige Tische draußen bedient. Ich laufe fast täglich daran vorbei oder kaufe dort etwas. Dabei fiel mir mehrmals eine Frau mittleren Alters auf, die immer allein an einem der Tische saß und sich mit anderen Gästen, links oder rechts von ihr, unterhielt. Mein flüchtiger Eindruck war, dass sie Gesellschaft suchte. Er wurde bestätigt, als sie einmal auch mir einen Gruß zurief, als ich nur vorbeilief. Ich grüßte zurück, auch wenn wir uns nicht kannten, und ging weiter.

Eines Tages wollte ich in unserer Bäckerei einen Espresso

trinken, etwas Süßes essen und in einem mitgebrachten Buch lesen. Ich setzte mich an einen Tisch davor und bemerkte, dass die Frau neben mir saß. Ich grüßte und hatte kaum mein Buch aufgeschlagen, als sie mich schon ansprach: »Schönes Wetter heute« oder etwas Ähnliches wird es gewesen sein. Ich lächelte, antwortete mit einer freundlichen Belanglosigkeit und sah wieder auf mein Buch. Doch sie sprach weiter, also musste ich erneut antworten. Schließlich legte ich mein Buch beiseite und wandte mich ihr zu. So erfuhr ich mehr über sie. Dass sie gleich in der Nähe wohnte, seit mehreren Monaten krankgeschrieben war. Sich gerade von einer Operation erholte, ihr aber vieles noch nicht wieder möglich war. Ihre kurzen Wege zum Supermarkt, zur Post oder eben zum Bäcker an der Ecke strengten sie an, brachten aber ein wenig Abwechslung in ihre ansonsten langen Tage allein.

Bald rief sie mir jedes Mal einen Gruß zu, wenn wir uns sahen. Ich grüßte zurück, revanchierte mich auch meistens mit einem Kompliment, wenn sie sich für ihren kleinen Ausflug besonders schön gemacht hatte. Manchmal eilte ich auch vorbei, als hätte ich sie gar nicht bemerkt, wenn ich sie in ein Gespräch vertieft sah – weil ich es »eilig hatte«. Aber wenn ich ehrlich bin, weil ich meine Ruhe wollte oder selbst gerade andere Sorgen hatte.

Einige Wochen später, ich kam gerade aus dem Supermarkt und hatte Einkaufstaschen in beiden Händen, sah ich sie wieder. Sie saß müde auf der Kante eines Hochbeets an der Straße, einen Einkaufstrolley neben sich, und ruhte sich aus. Ich wollte mit einem schnellen Gruß vorbeigehen, als fiele mir das gar nicht auf, ermahnte mich dann aber und fragte, wie es ihr gehe und ob sie vielleicht Hilfe benötige.

Ihr Gesicht leuchtete auf: Ob ich wohl ihre Einkäufe in die Wohnung tragen könne? Sie wohne im obersten Stock, ohne Fahrstuhl, und es fiele ihr gerade so schwer.

»Genau das habe ich jetzt gebraucht«, dachte ich natürlich, sagte aber, dass sie nur kurz warten möge, damit ich meine Taschen daheim abstellen könne.

Ihr Haus war keine fünf Minuten entfernt. Auf dem kurzen Weg bedankte sie sich mehrmals und erzählte mir, wie froh sie über ihre kleine Wohnung sei, wo doch alles im Stadtteil immer teurer werde. Dass am Nachmittag eine Freundin zu Besuch komme, für die sie kochen wolle, und vieles mehr. Ich brauchte vielleicht 20 Sekunden, um ihre Einkäufe nach oben in die dritte Etage zu bringen, während sie sich Stufe für Stufe nach oben kämpfte. Sie bedankte sie erneut, und ich schämte mich für mein vorheriges Zögern und meinen Egoismus. Ein wenig zuhören, ein kurzer Umweg – für mich kaum spürbare Unbequemlichkeiten – bedeuteten dieser Frau viel.

Ich hätte für mich unzählige Ausflüchte anführen können. Hatte sie keinen Mann, sicher doch Familie oder Freunde? Wieso wohnte sie in der obersten Etage ohne Fahrstuhl, wenn sie nicht gut zu Fuß war, und kaufte so viel ein, dass sie es allein kaum bewegen konnte? Was ging mich das an, hatte ich nicht selbst genug zu tun? Aber all das hätte vor allem auf meine eigenen Schwächen verwiesen. Deshalb bin ich froh über diese zufällige Bekanntschaft: Sie zeigte mir, wo ich selbst besser werden und meinen alltäglichen kleinen Egoismus überwinden kann. Es ist oft sehr einfach, anderen das Leben ein wenig leichter zu machen.

DIE BEDÜRFTIGKEIT DES ANDEREN PASST NIE

Seinen Nächsten zu lieben ist viel schwerer, als nur gefühlt die ganze Menschheit ans Herz zu drücken. Wir haben ihn uns nicht ausgesucht, das Leben hat uns meistens ungefragt zusammengebracht. Seine Bedürftigkeit kommt immer zur falschen Zeit. Wir müssen gerade zu einem Termin, sind mit den Gedanken bei der Arbeit oder der eigenen Familie – oder ganz einfach müde. Unser Nächster ist auch nicht immer angenehm, sondern vielleicht anstrengend, quengelig oder unverschämt. Gleichzeitig steht uns vor Augen, dass wir möglicherweise die Einzigen sind, die zumindest in diesem Moment für ihn da sein könnten. Das fühlt sich wie eine aufgezwungene Verpflichtung an, die man lieber abschütteln würde. Sollen sich doch andere darum kümmern – »der Staat«, »die Gesellschaft« –, aber nicht ich.

Realität auf Distanz

Wer sich der Nächstenliebe verweigert, also absichtlich wegsieht, wenn individuelle Not vor ihm steht, enttäuscht Hoffnungen und bringt sich selbst um die Gelegenheit, charakterlich und spirituell zu wachsen. Dann mag man zwar in abstrakten Kategorien wohlmeinend über bestimmte Personengruppen (»die Armen«, »die Flüchtlinge«) sprechen, macht aber nie den entscheidenden Schritt, sie als individuelle Menschen mit ihren Stärken und Fehlern wahr- und anzunehmen. Langfristig führt das zu Heuchelei und Selbstgerechtigkeit: Man erklärt mit großer Geste, Gutes tun zu wollen, tut es dann aber nur aus sicherer Distanz ohne persönliche Opfer. Vielleicht nur mit »engagierten« Social-Media-Beiträgen oder einem bequemen Abbuchungsauftrag im Gegenwert eines Kinobesuchs. Verklärt die Hilfsbedürftigen, ohne näher mit ihnen zu tun haben zu wollen. Gleichzeitig wachsen die Forderungen, was die anderen für sie auf sich nehmen, tun und bezahlen sollen, damit die Welt doch endlich besser werde.

BEREIT SEIN, SELBST EINEN PREIS ZU ZAHLEN

Wenn es um Nächstenliebe geht, ist der barmherzige Samariter aus der biblischen Erzählung sprichwörtlich geworden: Dieser Mann hilft dem schwer verletzten Opfer eines Raubüberfalls auf, nachdem andere vorbeigegangen sind, behandelt es und bringt es für die weitere Versorgung in einem Wirtshaus unter, bevor er weiterreist (Lukas 10, 25–37). Bemerkenswert sind zwei Aspekte, die selten erwähnt werden, wenn man sich heute auf diese Geschichte beruft: Der barmherzige Samariter spricht anderen gegenüber nicht von seiner guten Tat – und er bezahlt die Rechnungen selbst, reicht sie also nicht an andere weiter, um sich auf deren Kosten mit seinem Gutsein zu brüsten.

Die amerikanische Internetserie *The Chosen* (»Die Auserwählten«), die seit 2019 das Wirken von Jesus nacherzählt, fügt eine interessante zusätzliche Perspektive hinzu. In einer Episode – zweite Staffel, erste Folge – besucht Jesus darin einen verarmten Familienvater an Krücken. Er lässt dessen verwahrlostes Feld bestellen und bewirtet ihn mit einem Fest. Der Mann wehrt erst misstrauisch, dann beschämt ab. Er ist einer der Räuber aus der Geschichte über den barmherzigen Samariter und gesteht, wie sehr ihn seine Schuld von damals quält: »Vielleicht bin ich ein Mörder.« Geldnot und Hunger nach einer Missernte hätten ihn zu dem Überfall getrieben.

Jesus, der weiß, wen er da vor sich hat, sichert ihm zu, dass sein Opfer überlebt und einen Helfer gefunden habe.

Er heilt den einstigen Räuber, der nach einem Sturz selbst lahmt, vergibt ihm seine Sünden und erlöst ihn damit auch von Scham und Reue.

Tradition des Helfens

Die Tradition des Helfens ist schon in den Anfängen des Christentums angelegt: »*Alle, die zum Glauben gekommen waren, bildeten eine enge Gemeinschaft und taten ihren ganzen Besitz zusammen. Von Fall zu Fall verkauften sie Grundstücke und Wertgegenstände und verteilten den Erlös unter die Bedürftigen in der Gemeinde*« (Apostelgeschichte 2, 44–45). Im Lauf von knapp 2000 Jahren bildeten sich daraus unzählige christliche Initiativen, Organisationen und Institutionen. Gleichzeitig gibt es die frühen Formen – das Ehrenamt, die Gemeinschaften des Glaubens, Klöster – bis heute.

Der Gegenentwurf zur gelebten Nächstenliebe ist, theoretisch alles besser machen zu wollen, andere und die Umstände zu kritisieren, aber selbst fast nichts zu tun. Über seinen Nächsten hinwegzusehen, weil man das Problem angeblich gleich grundsätzlich lösen will: statt jemandem einmal einen Einkauf zu bezahlen, lieber auf Twitter den Systemumsturz fordern. Manchmal liegt dem die Annahme zugrunde, dass Kleinigkeiten »sowieso nichts ändern« würden. Der christliche Glaube stellt den Wert des Einzelnen in den Mittelpunkt, keine abstrakten Kollektive. Jesus erklärt wieder und wieder, dass der einzelne Verlorene es rechtfertigt, alle anderen kurzzeitig zurückzulassen, um ihn zu retten: »*Hütet euch davor, einen dieser kleinen, unbedeutenden Menschen überheblich zu behandeln*« (Matthäus 18, 10). Der Einzelne zählt und ist bedeutsam.

NICHT DIE WELT RETTEN, EIN WENIG DIE NOT LINDERN

Wie sich Nächstenliebe ganz praktisch zeigen kann, hat Jesus ausgeführt, als er sich in der Rolle aller Bedürftigen beschrieb: »*Denn ich war hungrig und ihr habt mir zu essen gegeben; ich war durstig und ihr habt mir zu trinken gegeben; ich war fremd und ihr habt mich bei euch aufgenommen; ich war nackt und ihr habt mir etwas anzuziehen gegeben; ich war krank und ihr habt mich versorgt; ich war im Gefängnis und ihr habt mich besucht*« (Matthäus 25, 35–36). Mit solchen Aufmerksamkeiten helfen Sie anderen sehr viel. Sie müssen sich nicht verausgaben oder alle Probleme der Welt lösen, sondern kleine Nöte um sich herum lindern. Denken Sie gar nicht ewig darüber nach, was wohl am besten wäre. Helfen Sie, wo Sie einen Bedarf vor sich sehen.

Vielfach praktizieren Sie Nächstenliebe schon unbewusst. Wenn Sie beispielsweise beim Essen geduldig Ihrem Partner zuhören, auch wenn er manche Geschichte schon mehrfach erzählt hat und Sie sich lieber mit Ihrem

Handy beschäftigen würden. Indem Sie sich nicht beschweren, wenn die Nachbarskinder wieder einmal zu laut sind, sondern den erschöpften Eltern anbieten, einmal pro Monat auf die Kinder aufzupassen, damit sie abends wieder einmal zu zweit ausgehen können. Oder indem Sie einem bedürftigen Freund etwas dauerhaft überlassen, das er sich eigentlich nur geliehen hatte. Es beginnt im Kleinen, beispielsweise wenn Sie den Handwerker pünktlich und fair bezahlen. Immer, wenn Sie – statt von der theoretischen, ganz großen Weltverbesserung zu reden – ganz pragmatisch etwas in Ihrem eigenen Alltag tun.

Helfen Sie anderen, dann tun Sie das nicht aus Schuldgefühlen heraus und auch nicht so, dass Sie sich anschließend über Ihre Großzügigkeit ärgern, weil Sie sich verausgabt haben. Geben Sie großzügig, aber gern. Besonders bereichernd ist es, wenn Sie Ihre Hilfe mit einem persönlichen Kontakt verbinden. Sie sehen auf diese Weise selbst, wem sie zugutekommt und womit Sie Ihr Gegenüber am besten unterstützen können. Gleichzeitig erhalten Sie etwas zurück: ein Lächeln, einen Dank, vielleicht eine neue Freundschaft oder den Einblick in eine ganz andere Lebenswelt.

Hilfe annehmen können

Es wird immer auch Situationen geben, in denen Sie auf die Hilfe anderer angewiesen und selbst nicht so angenehm und umgänglich wie in guten Zeiten sind. Schämen Sie sich dann nicht. Sehen Sie das als eine Lebenslektion an, die Sie sich nicht ausgesucht haben, die aber für Sie wertvoll ist. Hilfe anzunehmen muss man ebenso lernen, wie Hilfe zu geben. Sie werden sich im Laufe Ihres Lebens in beiden Lagen – Geben und Nehmen – wiederfinden und feststellen, dass Ihnen eine leichterfällt als die andere. Wer Hilfe annehmen muss, lernt seinen Hochmut zu bezwingen, es doch »eigentlich auch alleine zu schaffen«, und erkennt, dass Demut ihre eigene Würde hat. Gleichzeitig geben Sie demjenigen, der Ihnen hilft, immer auch etwas zurück: Sie zeigen, wie wichtig es ist, seinem Mitmenschen gegenüber aufmerksam und hilfsbereit zu sein.

Eine bessere Welt

Wenn Sie die Wahrheit verinnerlicht haben, dass Nächstenliebe manchmal mühsam, aber lohnenswert für beide ist, sehen Sie Bedürftige weder idealisiert überhöht noch als lästige Störungen Ihres Alltags. Sie erinnern Sie vielmehr an die unterschiedlichen Phasen des Lebens, in denen jeder einmal mehr gibt oder mehr nimmt. Manchmal überschneidet sich beides sogar. So kann Ihnen jemand, der vielleicht gerade finanziell in Not ist, seine Zeit für etwas zur Verfügung stellen oder praktisch bei etwas helfen, das Ihnen schwerfällt. Das ist mehr als ein Austauschgeschäft: Sie begegnen sich als ebenbürtige Menschen. Eigentlich sind Sie beide Bedürftige und Helfer zugleich. Diese Einstellung schützt Sie vor selbstgerechten Weltrettungsfantasien, bei denen es meist bei idealistischen, aber unverbindlichen Absichtserklärungen bleibt. Sie lenkt stattdessen den Blick auf das, was praktisch gebraucht wird und machbar ist. Sie leisten damit einen echten Beitrag dafür, dass die Welt besser wird, werden aber auch selbst besser.

Jeder kann etwas geben

Mein einstiger Chef hat für seinen Mitarbeiter, der im Büro gestohlen hatte, damals selbst etwas riskiert. Eine sofortige Meldung an die Geschäftsführung hätte ihn abgesichert, aber er dachte zuerst an die Existenz des unklugen jungen Kollegen. Seine Hoffnung, dass dieser aus seinem Fehler lernen möge, wurde nicht enttäuscht.

Meine Bekannte vom Bäcker an der Ecke sehe ich weiterhin regelmäßig in der Nachbarschaft. Sie wohnt schon lange da, ich erst seit einigen Jahren. Das nächste Mal will ich sie daher um etwas bitten – mir mehr von der lokalen Geschichte zu erzählen, vielleicht wieder bei Kaffee und Kuchen. Damit würde sie mich beschenken.

Eine spirituelle Übung:
Jemandem in Ihrem Alltag ein wenig helfen

Wenn Sie durch die Woche gehen, wird Ihnen mit ein wenig Aufmerksamkeit sicher jemand auffallen, der Hilfe gebrauchen könnte. Vielleicht nur ein kurzes aufmunterndes Gespräch oder einen Besuch, möglicherweise praktische Unterstützung (z.B. eine Erledigung, Hilfe im Haushalt) oder einen finanziellen Zuschuss (z.B. für einen Einkauf, Kleidung oder Schuhe). Suchen Sie sich etwas aus, das Sie für diese Person gern und ohne große Mühe tun würden. Rechnen Sie damit, dass es »eigentlich gerade nicht passt« – und machen Sie es trotzdem. Achten Sie darauf, wie Sie sich anschließend fühlen, aber auch, wie sich Ihre Wahrnehmung von sich und dem anderen verändert hat.

WAHRHEIT 9: GLAUBEN SIE AN SICH, MEHR ABER NOCH AN GOTT

»Wie soll man da nicht bitter werden?«, fragte die Münchner Journalistin Lara Fritzsche im Januar 2022 in einem Essay im *Süddeutsche Zeitung Magazin*.[6] Sie schilderte darin, wie die Covid-19-Pandemie sie desillusionierte und wie sie mit nur mäßigem Erfolg versucht hatte, sich dem zu entziehen. »Waren es zuletzt nicht immer nur üble Morgen gewesen? War nicht jeder neue Tag nur noch dazu da, um den davor noch mal herauszufordern?« Äußerlich sind die Einschränkungen für die stellvertretende Chefredakteurin und Mutter begrenzt, drehen sich vor allem um die organisatorischen Herausforderungen rund um Homeoffice und Kita. Doch etwas anderes bröckelt inmitten all der Unbequemlichkeiten, Ärgernisse und Sorgen, die für sich gesehen alle gar nicht so gravierend sind: ihr innerer Frieden, bald auch ihr Glaube an sich und andere.

»Ich weiß nicht mehr, wann meine vielfältigen schlechten Launen zur Bitterkeit zu werden drohten«, schreibt sie. »Wahrscheinlich war es, als es nicht mehr der Ärger über die Abläufe und das Augenscheinliche war, sondern die Pandemie anfing, die Menschen, die ich liebe, in ihrem Selbstwertgefühl zu belasten. Als ich begann, den Leuten anzusehen, dass sie nicht mehr können oder – noch schlimmer – nicht mehr wollen.« Sie empfiehlt »Selbstachtung« dagegen, »immer und trotz allem eine Handelnde zu bleiben«, muss aber direkt einräumen, dass das bereits durch die behördlichen Einschränkungen nur begrenzt möglich war. Schließlich bleibt ihr, um nicht ganz am Heute zu verzweifeln, nur das Utopische: Die »Gesellschaft der Zukunft« werde hoffentlich »bitterfrei«.

SCHON IN GUTEN ZEITEN NICHT EINFACH

Wenn es darum geht, Herausforderungen zu überwinden, gehört es zu den am häufigsten gehörten Empfehlungen, dass man »an sich glauben« solle. Das ist allerdings bereits in guten Zeiten leichter gesagt als getan – sehr ähnlich dem Rat, sich bei Selbstzweifeln doch mehr »selbst zu lieben«. In schweren Zeiten, auch in einer allgemeinen Krise mit begrenzten Möglichkeiten für alle, stellt sich dieses Vorhaben regelmäßig als illusorisch heraus. Was theoretisch nach dem besten Weg klingt, lässt sich selbst gar nicht umsetzen. Daher lautet die neunte Wahrheit: Glauben Sie an sich, mehr aber noch an Gott. Er wird noch da sein, wenn wir längst nicht mehr weiterwissen oder -können. Sein Wissen und seine Fähigkeiten übersteigen unsere unendlich.

In meinen Coachings sprechen Klienten gelegentlich über Erlebnisse, die ihre Annahme, alles selbst bewältigen zu können, erschüttert oder ganz korrigiert haben. Bei manchem ist das bereits nach einem beruflichen Scheitern der Fall, etwa nach der Entlassung aus einer Position, auf die man jahrelang hingearbeitet hatte, mit der man aber überfordert war. Doch so viel mehr kann im Leben geschehen: nach dem unerwarteten Tod eines Partners allein dastehen, ein Kind verlieren, die Diagnose einer schweren Krankheit, eine Affäre des Partners entdecken, finanziell ruiniert sein. »Als ob es mir den Boden unter den Füßen weggezogen hätte«, heißt es dann oft. Wenn Schock und Trauer überwunden sind, lohnt es sich, tiefer darüber nachzudenken, was man dabei über sich und das Leben lernen musste.

Wechselvolle Zeiten

Während ich dieses Buch schrieb, sprach ich mit einem knapp zehn Jahre jüngeren Freund und früheren Arbeitskollegen darüber. Er interessiert sich nicht für das Christentum und steht – wegen schlechter Erfahrungen mit Esoterik in der Familie – Spirituellem generell abwehrend gegenüber. Das ist nicht ungewöhnlich, ich kann diese Einstellung verstehen und akzeptieren. Mich erstaunte jedoch die Vehemenz, mit der er betonte, bisher auch alles allein geschafft zu haben. Er hatte Herausforderungen überwinden müssen, sein Lebensweg war nicht ganz leicht. Aber er war auch noch immer relativ jung und stark, gesund und überdurchschnittlich intelligent, hatte zwei Studienabschlüsse, ein gutes Umfeld und eine ebenfalls erfolgreiche, kluge Ehefrau. Während ich ihm zuhörte, wie er darauf bestand, dass er niemanden brauche, ganz sicher jedenfalls nicht Gott oder einen Halt im Glauben, sondern bisher schließlich alles allein geschafft habe, dachte ich an die vielen Freunde, Bekannten und Kollegen. Menschen, die sehr schmerzhaft lernen mussten, dass sich das im Leben sehr schnell ändern kann. Dass man die guten Zeiten und die eigenen Erfolge schätzen soll, aber auch darauf vorbereitet sein, dass es auf einmal ganz anders mit einem aussehen kann.

Ich dachte beispielsweise an meine ehemalige Arbeitskollegin, die ihren Ehemann – Ende 30 – eines Morgens tot neben sich im Bett gefunden hatte. Er war im Schlaf gestorben, plötzlicher Herztod. Sie war auf einmal Witwe mit drei Kindern und musste zudem nun das Geld für sie alle vier verdienen. Mir kam auch ein enger Verwandter in den Sinn, dessen Frau beim Weg zum Zahnarzt von einem Auto tödlich erfasst wurde und deshalb von ihrem Termin nie mehr zurückkkam. An die Geschäftspartnerin, die mir – in einem dienstlichen Gespräch ganz sachlich – berichtete, dass sich ihre zwölfjährige Tochter erhängt hatte und sie einfach keine Erklärung dafür finden könne.

Auch der junge Vater fiel mir ein, den ich im Kinderkrankenhaus kennengelernt hatte, als unser Pflegesohn dort operiert wurde. Der Mann spielte mit seinem zweijährigen Sohn im Bett gegenüber. Dem Jungen fehlten beide Arme und das rechte Bein. Die Stümpfe waren mit Bandagen umwickelt. »Eine bakterielle Infektion mit Blutvergiftung«, sagte der Vater ohne jeden Anflug von Dramatik. Innerhalb einer Woche waren die Amputationen notwendig gewesen, um sein Leben zu retten. Nun sollte der Kleine seine Prothesen bekommen. Er lachte ständig und tobte mit seinem Bruder herum, als hätte er nie ein anderes Leben gekannt. Aber ich sah im sorgenvollen Gesicht des Vaters, dass er an die Zukunft seines Sohnes und an seine eigene dachte.

Ebenfalls in den Sinn kam mir ein Schulfreund, der mit seinem Vater eine Firma gegründet hatte. Nach der Trennung der Eltern setzte sich der Vater ab und hinterließ seinem Sohn, gerade einmal Anfang 20, Schulden in fünfstelliger Höhe. Dieser zahlte sie ratenweise allein ab, wollte danach aber jahrelang nichts mehr mit seinem Vater zu tun haben. Ein ehemaliger Vorgesetzter, der nach seiner Entlassung und Scheidung ganz abrutschte und heute als alkoholkranker Sozialhilfeempfänger im betreuten Wohnen lebt, wo ihn seine frühere Frau manchmal noch mit den Kindern besucht.

All diese Beispiele erwähne ich mit einigem Zögern, ich möchte niemanden deprimieren, aber die Ernsthaftigkeit der Herausforderungen des Lebens betonen. So sehen echte Herausforderungen aus, die bewältigt werden müssen und auch können.

DIE FEHLEINSCHÄTZUNG, ALLES ALLEIN SCHAFFEN ZU KÖNNEN

Persönliche Erfolge und überwundene Hindernisse sind enorm wichtig. Sie bestätigen den Glauben in die eigenen Fähigkeiten und stärken die damit verbundenen Anlagen. Wer das erleben konnte, nimmt sich als kompetent und selbstbestimmt wahr und kann zukünftig sicher, sinnvoll und bestimmt agieren. Gleichzeitig liegt ein Risiko darin: Vollzieht sich dieser Lernprozess in allgemein guten Zeiten – sicher, stabil, prosperierend –, kann er leicht in der Fehleinschätzung münden, dass man all das allein erreicht habe und deshalb niemanden sonst brauche. Eine übergreifende Krise entzaubert diese Illusion auf schmerzhafte Weise.

Die Fähigkeiten, eine schwierige Situation bewältigen zu können, sind individuell sehr unterschiedlich ausgeprägt und lassen sich zu einem gewissen Grad stärken. Aber es gibt für jeden einen Punkt, an dem die eigenen Kräfte nicht mehr ausreichen. Das kann durch dauerhafte Entmutigung geschehen, etwa bei ständig erfolglosen Bewerbungen, durch körperliche Grenzen, etwa wegen einer Erkrankung oder des Älterwerdens. Oder durch verschlechterte äußere Umstände, etwa wegen eines Unglücks, einer Naturkatastrophe oder bei Krieg, wie es die Ereignisse überall auf der Erde immer wieder zeigen, aktuell beispielsweise in Ukrainekrieg, Inflation und neuen Flüchtlingen.

Wer sich dieser Wahrheit verweigern will, kann sich über Jahre oder sogar sein halbes Leben hindurch selbst täuschen. Sich einreden, sein Schicksal in der Hand zu haben, alles schaffen zu können – bis es einmal doch nicht mehr geht. Dieser Punkt kommt unweigerlich, dann zeigt sich die spirituelle Substanz. Mancher ist völlig unvorbereitet und entsprechend hilflos. Solch eine Lebenslektion führt meist zu einer ernüchternden Erkenntnis: dass man erst den Halt verlieren, scheitern oder vor sich selbst erschrecken musste, um zu merken, dass man besser nicht nur an sich glauben sollte.

Vielen Menschen ist schon der Gedanke daran unerträglich. Sie versuchen, ihre übergroße Zukunftsangst dadurch zu mindern, dass sie möglichst jedes Risiko vorab ausschließen, etwa durch materielle Absicherung. Andere sehen dem kommenden Unbekannten hilflos entgegen und flüchten sich in Ablenkungen. Materielle Absicherung hilft, genügt aber nie, wie diejenigen feststellen müssen, die es zu einem gewissen Vermögen gebracht haben. Ablenkungen sind auf Dauer der Griff ins Leere: Alle Zerstreuungen, von Shopping über Reisen bis zu Affären, wirken nur vorübergehend.

Sicher sein, dass man nie ganz allein ist

Der christliche Glaube ermutigt Sie zu vertrauen, dass Gott Sie persönlich kennt, und zwar von Anbeginn Ihrer Existenz, und auf Ihr Wohlergehen achtet. Sie sind bei ihm gut aufgehoben, nicht nur sinnlosen Zufällen und

Gefahren ausgeliefert. »(…) *denn mein Plan mit euch steht fest: Ich will euer Glück und nicht euer Unglück. Ich habe im Sinn, euch eine Zukunft zu schenken, wie ihr sie erhofft. Das sage ich, der Herr«* (Jeremia 29, 11). Das heißt nicht, dass Ihr Leben problemlos verlaufen wird und sich alle Ihre Wünsche erfüllen, selbst wenn Sie sie im Gebet geäußert haben. Gott hat seine eigenen Prioritäten. Manche enthüllt er, vieles bleibt uns unverständlich oder verborgen.

Die Taufe ist der Schritt, dieses Vertrauen zu erklären – je nach christlicher Tradition nach der Geburt von den Eltern für ihr Kind entschieden oder später selbst gewählt. Jesus sagt nach seiner Auferstehung: »*Wer zum Glauben kommt und sich taufen lässt, wird gerettet. Wer nicht glaubt, den wird Gott verurteilen«* (Markus 16, 16). Heute werden in Deutschland noch knapp die Hälfte der Kinder nach der Geburt getauft, doch es ist selbstverständlich auch möglich, als Erwachsener diesen Schritt nachzuholen.

Auf das Richtige setzen

Das Vertrauen auf Gott gibt Ihnen die Kraft, selbst mit dramatischen Lebenskrisen umgehen zu können, und die Gewissheit, damit nicht allein zu sein. »*Verlass dich nicht auf deinen Verstand, sondern setze dein Vertrauen ungeteilt auf den Herrn! Denk an ihn bei allem, was du tust; er wird dir den richtigen Weg zeigen. Halte dich nicht selbst für klug und erfahren, sondern nimm den Herrn ernst und bleib allem Unrecht fern!«*, heißt es im Buch der Sprüche (3, 5–7). Das heißt nichts anderes als: Das Richtige tun, soweit es einem selbst möglich ist, aber dabei auf Gottes Führung und letztendliche Entscheidung setzen. Wann immer sich Zweifel oder eine Unklarheit ergeben, dann ist Gottes Wort – die Bibel, das Gebet, der Rat der Gemeinde – die erste Wahl.

Wenig hilfreich ist es dagegen, sich ganz auf andere Menschen zu verlassen. In echten Krisen ist es oft eine zusätzliche Enttäuschung, wenn sich vermeintlich enge Freunde genervt oder selbst überlastet abwenden, sobald es schwierig wird. Eine ebenso schlechte Wahl ist es, der Krise auszuweichen und sich beispielsweise in Onlineablenkungen (Chats, Flirts, Dating) oder Suchtmittel (Alkohol, Drogen) zu flüchten. Auch Esoterik und New Age versagen in derartigen Lebenslagen regelmäßig, weil ihnen Gott fehlt, aber auch die intellektuelle und praktische Tiefe des Glaubens.

VORBEREITET SEIN, FALLS SIE EINMAL NICHT MEHR KÖNNEN

Eine realistische Lebensplanung schließt die Annahme ein, dass es Situationen oder sogar längere Phasen geben wird, in denen Sie nicht mehr weiterwissen und -können. Dafür sollten Sie im spirituellen Bereich vorsorgen, wie Sie es im finanziellen Bereich tun, in dem Sie Versicherungen abschließen, regelmäßig etwas sparen und anlegen.

Investieren Sie ebenso in Gottes Werk und seine Schöpfung, indem Sie praktisch, aber auch finanziell etwas dafür tun, soweit Ihnen das möglich ist. Nichts davon geht verloren, verspricht Jesus, sondern ist als »Schatz bei Gott« sicherer als auf der Erde, sicherer also beispielsweise als eine Anlage bei der Bank oder daheim (Matthäus 6, 20).

Praktisch bedeutet das, sich mit den Antworten des Glaubens auf die großen und kleinen Lebensfragen auseinanderzusetzen und ihn zu praktizieren. Nicht als lästige Pflicht, sondern als sinnvolle Investition und Vorsorge. Ebenso wie bei Geldanlagen und Versicherungen am besten bereits in guten Zeiten und nicht erst, wenn Sie schon in einer Notlage sind. Jesus lässt Sie auch dann nicht allein, aber Sie machen es sich selbst leichter, wenn Sie bereits mit ihm vertraut sind. Helfen Sie gleichzeitig auch ohne Scheu anderen, denen es gerade nicht so gut geht. Sie lernen dabei bereits, wie viel sich bewältigen lässt und wie wenig man als Christ wirklich fürchten muss.

Für andere freuen

Wenn Sie bei anderen bemerken, dass diese wegen ihres bisherigen Erfolges davon überzeugt sind, alles selbst schaffen zu können, freuen Sie sich für sie. Diese unbeschwerten, optimistischen Phasen des Lebens sind wichtig und insbesondere ein Privileg der Jugend. Nicht alles muss ständig von Befürchtungen und Ängsten überschattet sein. Gleichzeitig können Sie, wenn Sie älter oder erfahrener sind, durchaus gelegentlich berichten, wie Sie mit Situationen umgegangen sind, die Sie an die Grenzen Ihrer Kraft geführt haben. Nicht als düstere Warnung oder Verängstigung – sondern als Ermutigung, dass selbst so eine Lebenslage zu bestehen ist und ihren Sinn haben kann. Sie zeigen Fürsorge und Unterstützung, wenn Sie diese Seite des Lebens nicht verschweigen. Nicht zuletzt: Erklären Sie, wie es möglich ist, ein Selbstvertrauen zu entwickeln, das sich nicht nur aus der eigenen Leistung und den Meinungen anderer speist, sondern aus tiefere Quellen..

Gut aufgehoben

Wer stärker an Gott als an sich glaubt, lebt gefasster und gelassener, auch mit weniger Ängsten vor dem Unvorhersehbaren. Er weiß, dass er nicht alles in der Hand hält, aber auch, dass das nicht beängstigend, sondern beruhigend ist. Sie müssen nicht alles wissen und allein schaffen. Das setzt Kräfte frei, um sich auf das Machbare zu konzentrieren – weil unnötige Grübeleien, Zweifel und Sorgen entfallen oder weniger werden. Mit dem Vertrauen, dass die Dinge mit Gottes Hilfe schlussendlich gut ausgehen, wird auch die Lebensplanung flexibler. Vielleicht hat man ein bestimmtes Ziel nicht erreicht, aber das war im Rückblick vielleicht sogar besser so. Mancher unerfüllt gebliebene Wunsch stellt sich nachträglich als Segen heraus, Gott wusste besser als man selbst, was gut für einen war. Fatalismus, also die Macht des Schicksals als unabänderlich hinzunehmen, ist dem Christentum allerdings ebenso fremd wie reine Selbstbezogenheit. So empfiehlt es sich, weder ganz untätig zu bleiben – Gott werde schon tun, wenn es geschehen soll – noch nur auf sich zu bauen. Sondern beides zu tun, aber nie die Reihenfolge zu vergessen: Gott zuerst, damit der eigene Weg gelingt.

Echtes Glück

Gelegentlich wird geraten, dass man sich ganz von den äußeren Umständen unabhängig machen solle, um glücklich zu sein. Das ist in seiner Absolutheit wohl für die wenigsten machbar, hat aber einen wahren Kern: Ein ganzheitliches Leben umfasst gute wie schlechte Zeiten, sieht in beiden ihren Wert und kann mit beiden umgehen. Echtes, anhaltendes Glück wurzelt in einer lebenslangen Beziehung zu Gott: »*Wie glücklich ist ein Mensch, der Freude findet an den Weisungen des Herrn, der Tag und Nacht in seinem Gesetz liest und darüber nachdenkt. Er gleicht einem Baum, der am Wasser steht; Jahr für Jahr trägt er Frucht, sein Laub bleibt grün und frisch. Was immer ein solcher Mensch unternimmt, es gelingt ihm gut*« (Psalm 1, 2–3).

Eine spirituelle Übung:

Ihr Bild von Jesus reflektieren

Eine Besonderheit des christlichen Glaubens ist, dass sich Gott – anders als in Judentum und Islam – ein Bild von sich gegeben hat, nämlich in Jesus. Sehen Sie sich einmal verschiedene Zeichnungen, Gemälde und Plastiken an, die Jesus darstellen – mit einer Google-Fotosuche, in einem Bildband oder in einem Museum. Manche zeigen Jesus als Mann seiner Zeit und Herkunftsregion Israel, andere idealisiert im Stil der Entstehungszeit und des -ortes des Kunstwerkes. Welche dargestellten Wesenszüge von Jesus sprechen Sie an und was sagt Ihnen das über Ihre Bedürfnisse? Wenn Sie mögen, hängen Sie eine Abbildung in Blickweite auf oder speichern Sie sie z. B. als Handyhintergrund.

CHRIST SEIN IN EINER WELT, IN DER AUCH ALLES ANDERE GEHT

Müsste man benennen, warum genau man sich in jemanden verliebt hat, käme man schnell in Verlegenheit. Sicher könnte man allerlei Qualitäten des geliebten Menschen aufzählen, müsste sich aber auch eingestehen, dass viele davon gar nicht so einzigartig sind. Was war also das Besondere, das den Ausschlag gegeben hat – so stark, dass man sich für diesen einen Menschen entschieden hat, wenn es doch noch so viele andere gibt?

Vor einer ähnlichen Frage steht jeder, der sein Christsein erklären möchte und nicht kulturell oder familiär hineingewachsen ist, sondern sich selbst dafür entschieden hat, obwohl so viele andere Wege und Überzeugungen möglich gewesen wären. Ebenso auch derjenige, der darüber nachgedacht hat, die Kirche oder seinen Glauben aufzugeben, aber geblieben ist. Was hat den Ausschlag gegeben, letztendlich doch nicht zu gehen, obwohl erst so viele Gründe dafür gesprochen haben?

Denke ich an das Leben als Christ, kommen mir stille Momente in einsamen Kapellen und das Staunen in weiten Kathedralen in den Sinn. Der bewundernde Blick auf reich gestaltete Handschriften und Kunstwerke mit christlichen Motiven. Das Nachdenken über das, was ich in meiner abgegriffenen Taschenbibel gelesen und angestrichen habe. Der Blick auf Gottes Schöpfung, seien es die Berge, das Meer oder der Sternenhimmel, aber auch seine lebendigen Werke: Menschen, Tiere und Pflanzen in ihrer Schönheit und Komplexität. Ich denke an Predigten, die mich umdenken ließen, an berührende Gesänge und tröstliche Gebete. An Gespräche und langjährige Freundschaften, die nur entstanden sind, weil der Glaube uns zusammengebracht hat. An Hilfe für Bedürftige, die Christen jeden Tag überall auf der Welt leisten, sei es mit einem ermutigenden Wort, mit Geld oder einer praktischen Tat.

2,9 Milliarden Menschen sind Christen. Sie bilden die größte Glaubensgemeinschaft der Welt und stehen in einer bald 2000-jährigen Tradition. Warum aber soll man Christ werden oder bleiben, sich überhaupt festlegen? Die Frage ist so schwer und zugleich so leicht zu beantworten wie jene, warum man jemanden liebt und sich nach einiger Prüfung entschlossen hat, für immer zusammenzubleiben.

Es ist mehr als die Summe einzelner Aspekte und umfasst etwas, das über das bloße Kalkulieren und Vergleichen hinausgeht. Zugleich ist die Entscheidung bedeutsam. Das Christentum erhebt den Anspruch, wahr und ewig zu sein. Dies kommt in besonderer Weise in den Worten von Jesus zum Ausdruck: »*Ich bin der Weg, denn ich bin die Wahrheit und das Leben. Einen anderen Weg zum Vater gibt es nicht*« (Johannes 14, 6). Wer dazu Ja sagt und sich damit bindet, beginnt ein neues Leben.

Im Folgenden nenne ich sieben Gründe, warum ich Christ geworden bin, und zwar in der Reihenfolge, in der sie sich mir eröffnet haben. Reflektieren Sie beim Lesen gern, wie Sie über die genannten Aspekte denken, was Sie ebenso oder gegenteilig empfinden. Wie würde Ihre Liste aussehen?

1. VON GOTT GERUFEN, BEVOR ICH ES WUSSTE

Mein erster und wichtigster Grund ist gleichzeitig derjenige, der für andere am wenigsten zu fassen und am schwersten nachvollziehbar sein wird. Ich habe mich von Gott gerufen gefühlt und auf den Weg gemacht, bevor ich es wusste und verstanden habe. Ich bin in atheistischen Gesellschaften – erst in der damaligen Volksrepublik Ungarn, dann in der DDR – aufgewachsen. Meine wenigen frühen Berührungspunkte mit dem christlichen Glauben waren flüchtig und nicht überzeugend. Aber unter den unwahrscheinlichsten Umständen bin ich immer wieder in Situationen geraten und Menschen begegnet, die mich Gott näher gebracht und in seinem Sinne verändert haben. Im Laufe der Jahre hat mir das viel Vertrauen und Gelassenheit gegeben: Ich bin nicht allein, und ich kann davon ausgehen, dass sich die Ereignisse am Ende so fügen werden, dass es gut ist. Die grundlegenden Fragen, die sich jeder in seinem Leben stellt, sehe ich für mich durch den christlichen Glauben auf erfüllende Weise beantwortet.

Zum Propheten Jeremia sagt Gott: »*Noch bevor ich dich im Leib deiner Mutter entstehen ließ, hatte ich schon meinen Plan mit dir. Noch ehe du aus dem Mutterschoß kamst, hatte ich bereits die Hand auf dich gelegt*« (Jeremia 1, 5). Und zu Jesaja: »*Fürchte dich nicht, ich habe dich befreit! Ich habe dich bei deinem Namen gerufen, du gehörst mir!*« (Jesaja 43, 1). Das sind Empfindungen, dich ich teile: Gott war bei mir, ehe ich ihn gesucht habe.

2. INTELLEKTUELL ANGEREGT, MEHR ZU VERSTEHEN

Wer mich kennt, weiß, dass ich zuerst intellektuell und eher skeptisch an die Dinge herangehe. Ich bin kein schwärmerischer Typ, der sich von seinen Emotionen leiten lässt. Das Abitur habe ich mit naturwissenschaftlichem Schwerpunkt bestanden, seit meinem 17. Lebensjahr in Unternehmen gearbeitet, berufsbegleitend Betriebswirtschaft und Webentwicklung studiert. Auch ein erster Zugang zum Christentum war intellektuell: Ich wollte seine Grundideen und Konzepte verstehen. Viele Jahre später kann ich feststellen, dass mich mein Glauben noch immer auf interessante Weise anspricht und anregt. Ich lese die Bibel regelmäßig, und bewundere ihre gedankliche und sprachliche Schönheit, aber auch ihre Intelligenz und Logik stets aufs Neue. Für mich enthüllt sich darin Gott, in Worte gefasst durch menschliche Autoren.

»Glauben ist nicht Wissen« hört man häufig, und das klingt so, als handele es sich dabei um Gegensätze. Da würde ich widersprechen: Glaube benötigt Wissen, konkret zu den damit verbundenen Vorstellungen, Traditionen und Praktiken. Gleichzeitig bietet der Glaube eigenes Wissen an, nämlich über Gott, unsere Existenz und die Welt. Wie tief man dies durchdringen möchte, hängt sicher von der eigenen Persönlichkeit und dem Interesse ab. Mein Glaube gibt mir auf gute Weise zu denken und wird, soweit ich das abschätzen kann, bis an mein Lebensende unerschöpflich bleiben.

3. GEHEILT UND GERETTET FÜR DIE EWIGKEIT

Mein intellektuelles Interesse war nicht Selbstzweck, sondern Ausdruck einer Suche nach rationaler Bestätigung und Absicherung: Ist das hier das Richtige für mich? Worum es mir dabei genau ging, erkenne ich im Rückblick: Ich habe Heilung gesucht, um biografische Verletzungen hinter mir zu lassen, Klarheit und Führung im Leben zu finden. Meine Taufe habe ich damals als symbolisches Bekenntnis empfunden. Heute denke ich: Sie hat mich tatsächlich auf übernatürliche Weise verändert.

Als Christ bin ich nicht mir selbst überlassen oder allein auf mich gestellt. Weder muss ich alle Antworten in mir finden noch alles selbst können; ich habe Gott und sein

Volk an meiner Seite. Das gibt mir Orientierung, Kraft und Sicherheit (z. B. durch Predigten, Gebet, Gemeinschaft). Manche würden dem entgegnen, dass es sich dabei lediglich um Autosuggestion handeln könne. Dem würde ich sowohl als ausgebildeter Coach widersprechen wie auch als jemand, der schon vieles (z. B. Meditation, Hypnose, Psychodramatherapie) ausprobiert hat.

Wenn wir über die Rettung der Seele über den Tod hinaus sprechen, das Versprechen des Himmels und der Auferstehung, dann übersteigt das naturgemäß mein menschliches Vorstellungsvermögen. Ich denke nicht viel darüber nach und der Tod ängstigt mich nicht. Das gilt auch für die Momente, die mich an meine körperliche Sterblichkeit erinnern, sei es bei einem turbulenten Flug, vor einer Operation unter Vollnarkose oder als ich kurz vor dem Schreiben dieses Buches an Covid-19 erkrankte (zum Glück mit mittleren Symptomen, aber mit einer mehrwöchigen Genesungsphase). Das Christsein gibt mir das Vertrauen, gut aufgehoben zu sein, und die Ruhe, alles Weitere gelassen auf mich zukommen zu lassen.

4. FREUDE AN DER SCHÖNHEIT IN SEINEM NAMEN

Die geistige Schönheit, die ich im Christentum sehe, drückt sich für mich auf besonders fassbare Weise in den Werken aus, die in seinem Namen gestiftet und geschaffen worden sind. In Kapellen, Kirchen und Klöstern, in Gemälden, sakralen Gegenständen und musikalischen Kompositionen. Ich könnte nicht erschöpfend aufzählen, wie viel Schönheit ich gesehen und erlebt habe, die explizit aus dem christlichen Glauben anderer gewachsen ist und dafür weitergegeben wurde.

Für eine Schweizer Zeitung habe ich einmal den Philosophen und Schriftsteller Alain de Botton zu seinem Buch *Religion für Atheisten* interviewt. Er schlägt darin vor, die äußeren Gebräuche des Glaubens beizubehalten, weil er sie für sinnvoll und hilfreich im Leben hält. Auf den bisherigen religiösen Inhalt könne man dagegen verzichten. So könne man sich beispielsweise weiterhin sonntags in einem festlich gestalteten Raum treffen, gemeinsam inspirierende Musik und Texte hören und sich danach unterhalten. Wie ein Gottesdienst, nur ohne Gott.

Ich respektiere seine Überlegungen, halte sie jedoch für lebensfremd und übermäßig intellektualisiert. Die äußeren Formen repräsentieren das Innere, sonst sind sie nur Fassaden und bald uninteressant. Wie die Imitation des Religiösen aussieht, kann man im Marketing mancher Unternehmen, politischen und ideologischen Organisationen sehen, die entsprechende Formen nachahmen, um ihre Angebote zu überhöhen. Das kann kurzfristig beeindrucken, hinterlässt bald aber das Gefühl von Leere. Durch das Leben mit seinen Herausforderungen trägt es nicht.

5. EIN GOTT MIT MENSCHLICHEM GESICHT

Kürzlich bin ich von einer Reise durch die Vereinigten Arabischen Emirate zurückgekehrt, bei der ich eindrucksvolle Moscheen besichtigen konnte. Ihre ornamentalen Fresken und Mosaiken, Intarsien aus Halbedelsteinen und farbiger Keramik, Blumen, Ranken, Muster und auch Kalligrafien zeugten von großer Kunstfertigkeit. Die Gebetsteppiche waren mit Koranversen aus Gold- und Silberfäden bestickt und die Koranausgaben höchst kunstvoll verziert. Doch erst nach einiger Zeit verstand ich, was mir fehlte und weshalb mich selbst die größte Pracht nicht lange fesselte: Nirgends blickte mir ein Gesicht entgegen. Allah wird nicht abgebildet und bleibt deshalb für mich ebenso abstrakt wie der Glaube der Buddhisten. Der Gott der Christen hat sich ein Abbild gegeben, nämlich in Jesus. »Dieser Gott hat ein menschliches Antlitz und – so dürfen wir hinzufügen – ein menschliches Herz«, beschrieb Papst Benedikt XVI. das einmal in einer Ansprache.

Das unterscheidet die Religionen ganz fundamental. Als Christ glaube ich an einen Gott, der sich als Mensch unter uns begeben hat, und zwar real und historisch – Jesus Christus, der fühlte wie wir und uns deshalb besonders nahe ist. Mir entspricht das persönliche Gegenüber und auch, Darstellungen davon in Kirchen, auf Gemälden und in Büchern zu sehen. Manchmal habe ich deshalb künstlerische Darstellungen von Jesus in meiner Geldbörse oder als Hintergrundbild auf meinem Handy, um ihn im Laufe des Tages immer wieder einmal zu sehen und mich daran zu freuen.

6. ZU HAUSE IN UNSERER KULTUR UND TRADITION

Das Christentum ist das prägende Element unserer Kultur und Tradition. Aus Israel kommend, hat es unsere Vorstellungen und Gewohnheiten in Europa geformt. Äußere Zeichen sind die Kirchengebäude in den Städten und Dörfern, die christlichen Kunstwerke in den Museen, unsere Feiertage wie auch viele Denk- und Redeweisen (z. B. »ein Herz und eine Seele sein«), die von der Bibel geformt wurden.

Ich bin gern Europäer, und das Christentum ist der Glaube meiner Heimat. Wenn ich mehr darüber erfahre, dann automatisch immer auch über die Geschichte, Tradition und Kultur meiner Herkunft. Wir leben inmitten einer reichen spirituellen Welt, die es auch praktisch sehr leicht macht, Christ zu sein. Gebete, Meditationen, heilige

Schriften und Orte, spirituelle Praktiken, religiöse Orden
– all das umgibt uns bereits. Jeder findet meist schon fuß-
läufig die nächste Gemeinde, in der man seine Sprache
spricht und sein Leben teilt.

Der Glaube verbindet uns mit dem, was unsere Vorfahren aufgebaut und uns hinterlassen haben. Gleichzeitig haben moderne Entwicklungen den Zugang leichter gemacht.
Persönlich habe ich hier Videoübertragungen von Gottesdiensten, Predigten und Diskussionen als besonders hilfreich für meinen Alltag empfunden, dazu Bibel-Apps und
christliche Lernmaterialien für Computer oder Handy.

7. MENSCHEN TREFFEN, DIE JESUS ÄHNELN

Der letzte Punkt meiner Aufzählung sollte normalerweise
viel weiter oben stehen. Bei mir ergab er sich zuletzt, weil
er mir am schwersten fiel: die Gemeinschaft mit anderen
Christen. Unser Glaube ist inhärent gemeinschaftlich, nie
nur für sich. Doch ich wusste lange nicht, welche Gemeinschaft für mich passen würde. Und um einfach in eine
fremde Gemeinde zu spazieren, fühlte ich mich zu unsicher und ängstlich. Auch hier hat Gott mich stärker und
mutiger gemacht. Inzwischen habe ich unendlich viele
Menschen kennengelernt, die mich als Glaubensbrüder
und -schwestern begleitet haben oder es noch immer tun.
Am ehesten vergleichbar damit sind für mich die Freund-

schaften, die bei einem Team- oder Mannschaftssport entstehen: Man ist vereint durch das gemeinsame Ziel und willens, gemeinsam darauf hinzuarbeiten und sich gegenseitig zu unterstützen. Jeder weiß, worum es geht, und geht mit der nötigen Ernsthaftigkeit heran. Gleichzeitig ist es normal und wichtig, dabei Freude und Spaß zu haben. Meine ersten christlichen Freunde habe ich in den USA gefunden, danach kamen welche in Deutschland und in der Schweiz hinzu. Ich könnte heute zu dem Paar aus meiner Kleingruppe gehen, das nur drei Minuten von mir entfernt wohnt – oder christliche Freunde, die ich inzwischen in aller Welt kenne, anrufen, anschreiben oder besuchen. Mehr noch: In jeder christlichen Gemeinde auf der Erde würde ich sofort auf Menschen treffen, von denen ich weiß, dass sie meine Werte grundsätzlich teilen, ohne dass wir das lange diskutieren müssten. Wer glaubt, gehört allein dadurch zu einer globalen Familie.

Meine Aufzählung ist unverkennbar eine Liebeserklärung. Gleichzeitig ist mir bewusst, dass diejenigen eine andere Bilanz ziehen würden, denen das Christentum fremd geblieben bzw. geworden ist oder die durch seine Vertreter verletzt oder verlassen wurden. Was man als letzte Beurteilung für sich stehen lassen möchte, ist für sich eine Glaubensfrage: was man für typisch und was man für die Ausnahme halten will. Ob man die Fehler und Versäumnisse der anderen als abschließend sieht oder glaubt, dass keiner ganz verworfen werden sollte.

Als Christen erfahren wir Gott und seine Schöpfung innerhalb unserer menschlichen Begrenzungen, glauben aber daran, dass diese Beziehung einmal noch viel enger sein wird. *»Jetzt sehen wir nur ein unklares Bild wie in einem trüben Spiegel; dann aber schauen wir Gott von Angesicht. Jetzt kennen wir Gott nur unvollkommen; dann aber werden wir Gott völlig kennen, so wie er uns jetzt schon kennt. Auch wenn alles einmal aufhört – Glaube, Hoffnung und Liebe nicht. Diese drei werden immer bleiben; doch am höchsten steht die Liebe«* (1. Korinther 13, 12–13).

Eine spirituelle Übung:
Gestalten Sie ein Bild Ihrer Glaubenswelt

Möglicherweise ist Ihnen bereits klar, woran Sie glauben und warum. Es kann aber auch sein, dass Sie sich noch nicht viele Gedanken dazu gemacht haben und bestenfalls sagen würden, dass Sie »an eine höhere Macht« glauben. Diese Übung kann Ihnen helfen, Ihre Vorstellungen zu konkretisieren. Gestalten Sie eine Collage (»Moodboard«) aus Fotos, Zeichnungen und kurzen Texten, die symbolisieren, woran Sie glauben. Sie können das physisch tun, indem Sie ausgeschnittene Motive auf einem großen Blatt anordnen und aufkleben. Oder digital, indem Sie entsprechende Bilder aus dem Internet in ein Dokument kopieren und arrangieren. Was erzählt Ihnen das fertige Werk über Ihre persönliche Glaubenswelt?

MEIN WEG: VON GOTT GEFÜHRT, BEVOR ICH IHN ERKANNT HABE

Im vergangenen Sommer besuchte ich wieder einmal die kleine Bergkirche im Dorf meiner Großeltern in Nordungarn, mehr als 45 Jahre nachdem ich dort das erste Mal vor dem schwarz-goldenen Barockaltar gestanden hatte. Links deutet noch immer Jesus, weiß gekleidet und mit rotem Überwurf, auf sein brennendes Herz. Rechts faltet Maria ihre Hände, den Blick gesenkt. Hier hatte mir vor vielen Jahren meine katholische Großmutter das Heiligenbildchen gezeigt, das sie immer bei sich trug, und eingeschärft, daheim nichts davon zu erzählen. Für meinen Großvater war all das wahrscheinlich eher ein sentimentaler Aberglaube alter Frauen, aber auch etwas, das den Überzeugungen des atheistischen Staates, dem er damals als Offizier diente, grundlegend widersprach.

Viele Jahre später stand ich vor einem Altar, der völlig andere Dimensionen hatte. Er befand sich in einem gläsernen Kirchenschiff, gebildet aus mehr als 10 000 Glaspaneelen, der Crystal Cathedral in Kalifornien, in der 2800 Menschen Platz finden. Gerade war der weltweit ausgestrahlte Fernsehgottesdienst *Hour of Power* aufgezeichnet worden, der wöchentlich zehn Millionen Zuschauer erreichte. Ich war 37 Jahre alt und wurde auf meinen Wunsch von Robert

Schuller, dem Pastor dieser reformierten Gemeinde, getauft. »Du hast dich dafür entschieden, das positive Leben zu führen, das Gott für dich geplant hat«, sagte Schuller und zitierte Jeremia 29, 11: »(…) *denn mein Plan mit euch steht fest: Ich will euer Glück und nicht euer Unglück. Ich habe im Sinn, euch eine Zukunft zu schenken, wie ihr sie erhofft.*« Daran glaubte und glaube ich.

Wenn ich in diesem Kapitel von meinem Glaubensweg erzähle, tue ich das mit einigem Zögern. Als Coach würde ich grundsätzlich nicht über mich sprechen – nicht, weil es etwas zu verschweigen gäbe, sondern weil sich mein Klient nicht auf mich konzentrieren und überlegen soll, was er mir gleichtun oder anders angehen würde. Wenn ich es hier trotzdem tue, dann um Sie anzuregen, Ihren eigenen Weg bewusst zu suchen und zu gehen.

EINE WELT, DIE NUR AN WISSENSCHAFT UND TECHNIK GLAUBT

Ich wurde 1972 in Karl-Marx-Stadt geboren, benannt nach dem Theoretiker des Sozialismus und Kommunismus, für den Religion »Opium für das Volk« war. »Die Aufhebung der Religion als des illusorischen Glücks des Volkes ist die Forderung seines wirklichen Glücks«, schrieb er 1844 in *Zur Kritik der Hegelschen Rechtsphilosophie*. »Die Forderung, die Illusionen über seinen Zustand aufzugeben, ist die

Forderung, einen Zustand aufzugeben, der der Illusionen bedarf.« Seine 40 Tonnen schwere Bronzebüste, die seine Bedeutung für das atheistische Glaubenssystem zeigte, steht bis heute in der Stadt, dahinter viersprachig: »Proletarier aller Länder, vereinigt euch!«

Einige Monate nach meiner Geburt zogen meine Eltern – meine Mutter eine ostdeutsche Berufsschülerin, mein Vater ein ungarischer Elektriker und Gastarbeiter – nach Ungarn und vor meiner Einschulung zurück in die DDR. Ich lernte Deutsch, wurde »Jungpionier« und »Thälmann-Pionier« und war später in der »Freien Deutschen Jugend«.

Die sozialistischen Länder empfanden sich, ganz dem materialistischen Geschichtsbild von Marx folgend, als Avantgarde, die den Aberglauben durch Wissenschaft und Technik überwunden hatte. Der Fortschrittsglaube zeigte sich beispielsweise im Pionierhaus »Juri Gagarin«, das ich nach der Schule häufig besuchte, benannt nach dem ersten Mann im All und mit einer Miniatur seiner Wostok-1-Rakete im Treppenhaus. Der weltweite Sieg des Sozialismus wurde als historisch zwingend angenommen und in einem Roman, den ich als Kind gern las, für das Jahr 1978 angesetzt. *Der Mann aus dem anderen Jahrtausend* hieß das Buch, das die kommende klassenlose Gesellschaft euphorisch beschrieb. Erst später wurde mir die Ironie dessen bewusst, dass ich, wenn ich dieses Buch aus dem Regal meiner deutschen Großmutter in der sächsischen Kleinstadt Stollberg nahm, auf das politische Frauengefängnis

Hoheneck auf der Anhöhe gegenüber blickte – und damit auf eine Realität dieser Utopie.

Auch in diesem totalitären System gab es jedoch einige, die an etwas anderes glaubten. Dazu gehörte eine Schulfreundin, die schräg gegenüber von uns wohnte. Ihre Familie war, wie man damals argwöhnisch sagte, »gläubig«. Das klang nach einer zweifelhaften Sekte und politisch verdächtiger Staatsferne, meinte aber einfach die evangelische Gemeinde in unserer Nachbarschaft. Wie sich herausstellte, ging meine Schulfreundin zur Christenlehre, die – anders als der abgeschaffte Religionsunterricht an Schulen – erlaubt war. Einige Male begleitete ich sie dorthin, aus einer unbestimmten Neugier heraus, aber auch, um mehr Zeit mit ihr verbringen zu können.

Die Stunden dort empfand ich als zwiespältig. Ich war damals etwa zwölf Jahre alt und verstand nicht, worüber gesprochen wurde, kannte weder die biblischen Figuren noch ihre Geschichten. Als der Pfarrer sagte, dass nun gebetet würde, wusste ich nicht, was das bedeutete und was ich jetzt tun sollte. Verstohlen und peinlich berührt beobachtete ich, wie die anderen die Augen schlossen und die Hände falteten, tat es ihnen gleich und sprach unbeholfen das »Amen« nach, als die anderen es sagten. Ich war froh, als es vorbei war. Dennoch rührte es etwas in mir an, das sich nach Angst und freudiger Aufregung anfühlte.

Einige Wochen später besuchte uns der Pfarrer zu Hause. Schwarz gekleidet saß er in unserem Wohnzimmer und wirkte fremd und düster, als wäre ein Trauerfall zu besprechen. Ich war aufgedreht, solch einen Gast hatten wir noch nie gehabt. Seine entscheidende Frage war, ob ich an der Konfirmation – statt an der staatlichen Jugendweihe – teilnehmen wolle. Als er sich wieder verabschiedet hatte, meinte meine Mutter ernst: »Du willst Abi machen und studieren. Das könnte damit nicht mehr möglich sein. Ich unterstütze dich, aber du solltest dir sicher sein.« Das war ich mir natürlich nicht. Zur Christenlehre ging ich danach nicht mehr, und meine Schulfreundin und ihre Familie durften kurz darauf überraschend nach Westdeutschland ausreisen, worauf sie jahrelang gewartet hatten. Erst 30 Jahre später trafen wir uns wieder.

Im Bücherregal meiner Mutter stand ganz unten eine schwarz eingebundene Lutherbibel, nie gelesen und wohl nur aus Respekt aufbewahrt. Sie gehörte einmal meinem Urgroßvater, der sie wahrscheinlich 1911 zur Konfirmation erhalten und seinen Namen mit Füllfederhalter auf die erste Seite geschrieben hatte. Doch schon meine Großeltern waren aus der Kirche ausgetreten. Als Kind nahm ich den wuchtigen Band gelegentlich in die Hand. Mit seiner Frakturschrift, der altertümlichen Sprache und den unverständlichen Wörtern wie *Levitikus* und *Deuteronomium*[7], die für mich eher nach alchemistischen Formeln klangen, erschien mir das Buch geheimnisvoll. Mit dem aufgeprägten Kreuz erinnerte mich der schwarze Block ein wenig an einen kleinen Sarg. Ich schob ihn deshalb immer wieder mit Respekt zurück. Ich wusste damals nicht, dass es auch moderne Übersetzungen gab, die mir verständlich gewesen wären.

Zum Einschlafen sang uns unsere Mutter in Kinderjahren manchmal vor: »Weißt du, wie viel Sternlein stehen an dem blauen Himmelszelt? ... Gott, der Herr, hat sie gezählet, dass ihm auch nicht eines fehlet an der ganzen großen Zahl.« Keiner von uns wird damals weiter darüber nachgedacht haben, wer der besungene »Gott« eigentlich war. Der Begriff klang einfach nach der märchenhaften Figur eines gütigen bärtigen Mannes, der oben im Himmel wohnt.

Jedoch hat mich früh interessiert, was Menschen denken, woran sie glauben und wie sie die Welt sehen. So habe ich noch ein Foto von mir, auf dem ich als etwa Zehnjähriger in einem Psychologiebuch meiner Mutter blätterte. Mit etwa 14 Jahren las ich ein Buch über den Buddhismus. Ich erinnere mich noch vage an die Geschichte des Prinzen Siddhartha, der unter einem Feigenbaum erleuchtet wurde. Sie erschien mir exotisch und unvollständig, denn er blieb ohne Gott und damit doch auf sich gestellt.

Meine Eltern hatten sehr jung geheiratet und nur, weil beide Familien dazu gedrängt hatten. Meine Mutter war 18 und noch Berufsschülerin, mein Vater ein 20-jähriger Soldat, und sie hatten mit mir bereits ein fünf Monate altes Kind, das sie bis zur Trauung schamhaft verschwiegen. Ihre

Ehe war nicht glücklich und wurde bald vom Alkoholkonsum und der Gewalt meines Vaters überschattet. Nach der Trennung lehnte er jeden weiteren Kontakt ab, was ich auch später trotz mehrerer Versuche nicht ändern konnte. Als Kind war ich froh, dass er weg war. Erst viel später wurde mir bewusst, dass er mir mein Leben lang gefehlt hat.

Der Lebenspartner meiner Mutter war anschließend für mehrere Jahre ein angehender Ingenieurpädagoge aus Somalia, der an dem Institut studierte, in dem sie in der Verwaltung arbeitete. Ein feiner, angenehmer und kluger Mann, der mir geduldig bei meinen Mathematikhausaufgaben half – und Muslim. Die Heirat war geplant, doch die Behörden erlaubten sie nicht. Er musste das Land wieder verlassen.

Anfang der 1980er-Jahre lernte meine Mutter ihren zukünftigen zweiten Mann kennen, der auch mein Stiefvater wurde: einen palästinensischen Syrer. Er studierte in der DDR Nachrichtentechnik und arbeitete später in einem Industriebetrieb. Ein ehrgeiziger, intelligenter Mann, ebenfalls Muslim. Bei den Partnern meiner Mutter konnte ich beobachten, wie ein reiches, selbstverständlich praktiziertes Glaubensleben aussieht: Männer, die mehrmals täglich beten und die dafür nötigen Utensilien zu Hause haben, hier einen Gebetsteppich; die ihre heilige Schrift, den Koran, im Regal zeigen, sie regelmäßig studieren und leidenschaftlich über die beste Auslegung diskutieren.

Als Erwachsener konnte ich mehrere islamische Länder besuchen. Ich habe die Schönheit der islamischen Architektur und Kunst bewundert, die intellektuelle Tradition und die würdevolle Präsenz des Glaubens im Alltagsleben. Auch im Koran habe ich gelesen sowie einiges zu Geschichte und Vorstellungen dieser Religion. Doch der Islam hat nie zu mir gesprochen, Allah ist für mich unzugänglich geblieben. Ähnlich ging es mir mit der Philosophie, zu der ich ebenfalls nie einen Zugang fand, selbst nicht in ihren populären Darstellungen wie in dem Bestseller *Sofies Welt* (1991), der ihre Geschichte in einer gut lesbaren Romanhandlung zusammenfasst. Sie erschien mir als zu theoretisch und ohne Antworten für mich, als ein intellektuelles Gedankenspiel ohne weiteren Nutzen.

BEGEGNUNGEN MIT DEM CHRISTENTUM

Die Kirche hatte einen bedeutsamen Anteil am Ende der DDR, sowohl als eine der verbliebenen Nischen für eine politische Opposition wie als Ausgangspunkt von Demonstrationen für mehr Freiheit. Oft gingen diese von Friedensgebeten aus, wie ich im Herbst 1989 auch einige in meiner Heimatstadt besucht habe. Jemand hatte mir in der Schule ein Flugblatt mit der Einladung zugesteckt, ich war neugierig und ging abends hin. Es war ein merkwürdiges Gefühl, in der überfüllten Kirche bei Kerzenschein für Frieden und eine bessere Zukunft zu beten, während sich draußen Polizei und Staatssicherheit aufstellten. Die

Kirche als letzter Schutz gegen einen übermächtigen Staat war da nicht mehr nur eine Theorie, sondern fühlte sich sehr real an.

Gleich nach dem Fall der Mauer, ich war gerade 17 Jahre alt geworden, begann ich neben den Vorbereitungen auf das Abitur als freiberuflicher Reporter zu arbeiten. Erst für unsere Lokalzeitung, dann für eine große überregionale Zeitung. Meinen ursprünglichen Plan, Sonderschulpädagogik zu studieren, hatte ich aufgegeben. Es schien mir kaum noch sinnvoll, mehrere Jahre im Voraus zu planen, während das gesellschaftliche System um mich herum zusammenbrach. Jeder neue Tag brachte dramatische Veränderungen. Die Regierung trat zurück, Gesetze wurden außer Kraft gesetzt oder geändert. Prominente Gesichter verschwanden vom Fernsehbildschirm, politische Skandale wurden enthüllt und diskutiert, wie es vier Jahrzehnte lang nicht möglich gewesen war. Unsere Lehrer sammelten die ideologisch belasteten Lehrbücher ein und sprachen nicht mehr weiter über das, was sie bisher gepredigt hatten. Die DDR-Mark wurde nach letzten Hamsterkäufen und vielen Unklarheiten darüber, wie viel jeder umtauschen könnte, durch die D-Mark ersetzt. Schließlich löste sich das ganze Land politisch selbst auf und trat der BRD bei, auch wenn man allgemein von einer Wiedervereinigung spricht.

In diesen Monaten des völligen Umbruchs fiel mir, wenn ich sonntagmorgens beim Frühstück den Fernseher

durchschaltete, auf mehreren Kanälen ein älterer, weiß-
haariger Prediger auf. Er trug einen violett-schwarzen
Samtornat, lächelte entrückt und gestikulierte theatra-
lisch. Sein Gottesdienst wurde aus einer gläsernen Kathedrale im fernen Kalifornien übertragen, durch deren
Wände man die Spitzen eines stählernen Glockenturms
und in der Sonne glitzernde Wasserfontänen sah. Während er von einem aufregenden Leben mit Gott sprach,
bewegten sich draußen die Palmen im Wind und flogen
Vögel vorbei.

Nach dem grauen, trübsinnigen Sozialismus sog ich
dieses Spektakel begierig auf. Mehr noch aber sprach mich
der Optimismus des Predigers an: dass mit Gottes Hilfe
aus jedem etwas werden könne – also auch aus mir. Bald
schaltete ich die Sendungen mit Robert Schuller, wie dieser Prediger und Autor hieß, regelmäßig ein. Ich las mehrere seiner Bücher, die ich für mich damals als lebensver-
ändernd empfand. All das war ganz anders als das, was ich
bisher von Kirchen gehört hatte: Es ging um Themen, die
mich direkt betrafen – meine Unsicherheit und Selbst-
zweifel, mein Gefühl des Alleinseins.

Ich spendete monatlich ein wenig für die Finanzierung
der Sendezeiten in Deutschland, später auch etwas für eine
Erweiterung der Kirche. Bald lernte ich weitere Unterstüt-
zer kennen und reiste schließlich sogar einmal zu dieser
gläsernen Kathedrale, die ich bisher nur aus dem Fernsehen
kannte, nach Kalifornien. Dort kaufte ich mir meine erste
moderne (englischsprachige) Bibel, in der ich nun regelmä-

ßig nachlas, wenn ich den Kontext einer Geschichte wissen wollte, die in der Predigt erwähnt worden war.

Bei den amerikanischen Christen, die ich kennenlernte, gefiel mir ihr modernes, praktisches Herangehen: der Glaube als Möglichkeit, das Leben besser zu meistern. Wir beteten zusammen, wenn ich einen Urlaub in den USA verbringen konnte, gingen manchmal in eine Bar, zu einer christlichen Diskussion oder besuchten einen Vortrag. Das war für mich, der ich eben noch kaum mehr als Karl-Marx-Stadt kannte, sehr aufregend. Mehr noch: Es zeigte mir, was alles möglich sein kann. Als ich mir einige Jahre später ganz sicher war, dass ich mein Leben als Christ führen wollte, war es für mich ein Ausdruck der Dankbarkeit, mich in der Crystal Cathedral taufen zu lassen.

Mich einer Gemeinde an meinem Wohnort anzuschließen fiel mir lange schwer. Die klassischen Gottesdienste sprachen mich nicht an, außerdem arbeitete ich sonntags meist. Nach meinem Umzug nach Berlin aus persönlichen und beruflichen Gründen wurde mir das »Berlinprojekt« empfohlen, das gerade von zwei sympathischen jungen Pastoren gegründet worden war. Deren Gottesdienst in einem stundenweise gemieteten Kino war mir fast zu alternativ und locker. Ich brauchte einige Zeit, bis ich mich hineinwagte. Mehrmals kehrte ich vor der Tür wieder um, und noch länger dauerte es, bis ich dort mit anderen ins Gespräch kam. Schließlich wurde ich zu einer Bibelgruppe eingeladen, in der sich mehrere junge Leute jede Woche zu Hause trafen. Wir aßen zusammen, diskutierten Bibel-texte, sangen und beteten gemeinsam.

Anfangs war mir all das fremd und oft peinlich; die Intimität, die der gemeinsame Glaube und das Gespräch darüber herstellen, war ungewohnt für mich. Die Bibel kannte ich bis dahin nur oberflächlich, die Lieder, die gesungen wurden, gar nicht. Doch ich fühlte mich angenommen und auf gute Weise herausgefordert, offener und selbstsicherer zu werden. Es berührte mich auch oft zu hören, wofür andere in einem Gebet baten, und mit den eigenen Anliegen nicht allein zu sein.

Beruflich war ich in dieser Zeit erfolgreich, seelisch ging es mir nicht gut. Meine Beziehung war nach sieben Jahren an ihr schwieriges Ende gekommen und ich fühlte mich in der Millionenstadt sehr einsam und verloren. Bald hatte ich eine Reihe schmerzlicher Erfahrungen und Enttäuschungen beim Dating und mit kurzen Beziehungen hinter mir. Ich ging mehrmals wöchentlich zu Partys und in Klubs. Zwar trank ich damals praktisch keinen Alkohol, nahm auch keine Drogen, aber ich verlor mich dennoch im Nachtleben und erlebte manche düstere Seite davon mit. Ich musste feststellen, dass mir ein echter innerer Halt fehlte, und das, obwohl ich mich für so intelligent und kontrolliert gehalten hatte. Eine schmerzliche Leerstelle, die ich fast körperlich spürte wie ein Loch in meiner Brust.

Eine neue Heimat

Die Kernidee des Christentums war für mich lange Zeit unbegreiflich, bestenfalls eine abstrakte Theorie. Ich suchte nach Gesprächspartnern, um sie zu verstehen. In einer katholischen Beratungsstelle traf ich beispielsweise einen Jesuiten. Er beantwortete meine unbeholfenen Fragen sicher auf kluge Weise, schien aber ansonsten nicht zu wissen, wie er mir weiterhelfen könne. Ich trat enttäuscht wieder nach draußen: Die Antwort schien so nah, aber ich erhielt sie nicht.

Ein Plakat, das ich etwas später an einer Straße sah, änderte das. Es zeigte eine dunkelblaue Broschüre mit weißem Schriftzug, *Kraft zum Leben,* kostenlos bestellbar. Sie könne dabei helfen, eine persönliche Beziehung zu Gott zu finden, und habe schon das Leben von Millionen verändert. Spenden wurden weder erbeten noch akzeptiert. Später sah ich dafür auch einen Werbespot im Fernsehen, las Berichte darüber und bestellte sie.

Wenn ich diese Publikation einer evangelikalen christlichen Stiftung aus Florida heute noch einmal zur Hand nehme, sehe ich ihre Schwächen und dass sie inzwischen völlig veraltet ist. Damals beschrieb sie für mich zum ersten Mal auf verständliche Weise, worum es beim Christsein ganz grundsätzlich geht – was etwa mit der Sündhaftigkeit des Menschen gemeint ist, weshalb jeder Gott braucht und wie ich es anfangen sollte, mein Leben Jesus anzuvertrauen. In der Mitte war ein kurzes Gebet abgedruckt, das ich für mich sprechen könne. Gott werde es hören, Jesus dadurch in mein Leben kommen. »Lieber Gott, ich habe mein Leben bisher auf meine eigene Art gelebt. Jetzt möchte ich es auf deine Art leben«, begann es und kam mir kitschig und abwegig vor. Doch an einem dunklen Winterabend, an dem ich mich in meiner stillen, kühlen Wohnung besonders verloren fühlte, betete ich es doch. Ich kniete mich hin, sprach mein bescheidenes Gebet und schämte mich gleichzeitig für meine Bedürftigkeit und mögliche Selbsttäuschung. Doch es war der Tag, ab dem ich bewusst als Christ lebte.

Nach dem ersten Gebet geschah kein großes Wunder. Gleichwohl passierte etwas, nur stiller: Mein Leben hatte plötzlich eine Richtung und ein Ziel. Ich war sehr skeptisch, merkte aber bei unzähligen Gelegenheiten, dass Gott mich führte und heilte. Ich traf vermehrt auf Menschen, die meine Werte teilten, es gut mit mir meinten und Geduld mit mir hatten. Fand mich in Situationen geführt, die mich zu einem besseren Menschen machten, und erlebte viele glückliche Zufälle, die mir das Gefühl gaben, beschützt zu sein.

Vor allem traf ich bessere Entscheidungen, etwa in Bezug auf Beziehungen und meine Prioritäten. Ich hatte nie studiert, sondern direkt nach dem Abitur angefangen zu arbeiten. Im Jahr meiner Taufe begann ich ein berufsbegleitendes Studium, das ich drei Jahre später mit Auszeichnung abschloss, gefolgt von einer einjährigen Weiterbildung. Danach wechselte ich den Beruf und habe jetzt als Coach und Autor den Eindruck, etwas zu tun, was anderen Menschen hilft, ein besseres Leben zu führen. Seit vier Jahren bin ich zudem Pflegevater des Jungen aus der Flüchtlingsfamilie.

Nach einem beruflich bedingten Umzug in die Schweiz bat ich Gott darum, mich zu einer passenden Gemeinde zu führen. Ich fand sie in Sichtweite meiner ersten Wohnung, 70 Meter zu Fuß: »The International Protestant Church of Zurich«, eine 1961 gegründete internationale Gemeinde, nicht konfessionsgebunden, aber in der Tradition des Schweizer Reformators Huldrych Zwingli. Wir sind uns darin einig, uns über das »Apostolische Glaubensbekenntnis« hinaus – eine Summierung der grundlegenden christlichen Überzeugungen aus dem 5. Jahrhundert – in vielem nicht einig zu sein.

Sonntags besuchen etwa 250 Menschen den traditionellen Morgengottesdienst mit Chor- und Orgelmusik, später etwa 70 den modernen Abendgottesdienst. Ich bin wieder in einer Bibelgruppe in meiner Nachbarschaft, habe Gottesdienste mit vorbereitet und Besucher begrüßt, aber auch drei Jahre lang die sonntägliche Kinderbetreuung unterstützt. Wir gehen manchmal zusammen wandern oder fahren zum Wintersport, als Männer haben wir ein monatliches Gebetsfrühstück (und die Frauen ihres).

Die dogmatische Offenheit meiner aktuellen Gemeinde entspricht mir. Gleichzeitig schätze ich es sehr, mit christlichen Brüdern und Schwestern anderer Konfessionen und Denominationen zusammen zu sein und von ihnen zu lernen. Manchmal gehe ich in eine katholische Messe oder Gebetsstunde und war auch schon zweimal im Kloster, besuche hin und wieder Veranstaltungen anderer Gemeinden oder lese mehr zu den verschiedenen christlichen Traditionen. Auf Spotify höre ich gelegentlich gern die lebensnahen, humorvollen Podcasts der amerikanischen Predigerin Joyce Meyer und des katholischen Priesters Mike Schmitz, aber auch die wunderbaren Chorgebete einiger orthodoxer Gemeinschaften in Ost- und Südeuropa.

Sinnvoll zusammengefügt

Als ich meine spirituelle Reise begann, war ich ein unsicherer, verletzter und einsamer junger Mann, der das Gefühl hatte, nirgends dazuzugehören. Ich war dünn, hatte schlechte Haut und einen ungewöhnlichen Vornamen. Zudem war ich bis zu meinem 18. Lebensjahr rechtlich ein Ausländer, damit ein wenig im Abseits. Was ich erreicht habe, musste ich mir erkämpfen, was anstrengend und oft erschöpfend war. Blicke ich auf meine bisherige Lebensgeschichte zurück, habe ich den Eindruck, dass Gott all die zerstreuten Fragmente meines Lebens sinnvoll zusammengefügt und wo nötig ergänzt oder korrigiert hat. Ich fühle mich so erfüllt, glücklich und zuversichtlich, wie ich es in jüngeren Jahren nie war, und lebe mit Gottes Versprechen: »*Fürchte dich nicht, ich stehe dir bei! Hab keine Angst, ich bin dein Gott! Ich mache dich stark, ich helfe dir, ich schütze dich mit meiner siegreichen Hand!*« (Jesaja 41, 10).

Eine spirituelle Übung:
Der Lebenslauf Ihres Glaubens

Viele Erlebnisse fügen sich erst im Rückblick zu einem sinnvollen Ganzen und ordnen sich zu einem übergreifenden
Thema. Was war das für Sie, welchen Sinn erkennen Sie in
allem? Schreiben Sie dafür einmal Ihre spirituelle Lebensreise auf mindestens eine DIN-A4-Seite, in Stichpunkten oder
ausformuliert. Berücksichtigen Sie dabei besonders, welche
konkreten Erfahrungen und Wendepunkte Ihren Blick auf
sich und andere verändert haben: Irrtümer, die Sie klüger
werden ließen, Unglücke und Enttäuschungen, die sich
langfristig als wertvoll herausstellten. Wenn Sie mögen, teilen Sie Ihren Lebenslauf später mit vertrauten Menschen
und fragen Sie nach deren Weg.

SIEBEN WEGE,
SPIRITUELL ZU WACHSEN

Eines der Klöster, in denen ich einige Tage mit Mönchen zusammenleben konnte, liegt eine halbe Autostunde südwestlich von Österreichs Hauptstadt zwischen den dicht bewaldeten Erhebungen des Wienerwaldes. Links des Eingangs steigt ein sanfter Hügel mit einem Kreuzweg an. Geht man geradeaus durch das barock verzierte Tor, folgen die weiß-gelben Klostergebäude um zwei große Innenhöfe herum. Zwischen Erlen, Pappeln und Blumenbeeten steht im hinteren Hof eine teilweise vergoldete Dreifaltigkeitssäule, daneben die Stiftskirche, in der seit 1133 gebetet und gesungen wird. Ich bekam für meinen Besuch, den ich über die Webseite angefragt hatte, ein Zimmer im Gästetrakt und wurde eingeladen, mich am Klosteralltag zu beteiligen, wie ich es wünschte.

Manchmal stand ich noch im Dunkeln auf, um um 5.15 Uhr bei der ersten der sieben täglichen Gebetzeiten dabei zu sein. Es war Spätherbst, als ich dort war, und schon empfindlich kalt. In der Sakristei zogen sich die Mönche ihre weißen Chorgewänder über, manche warme Skiwäsche darunter. In zwei Reihen schritten sie anschließend durch den Kreuzgang, dessen bepflanzter Innenhof das Paradies symbolisiert. Ich folgte ihnen ins Kirchenschiff. Dort klang bald ihr einstimmiger Gesang durch den hohen Raum, der morgens noch ohne Besucher und wenig beleuchtet war. Aber sie sangen nie für die Zuhörer, wie ich bald verstand, sondern für und zu Gott.

Die Mehrheit der rund 100 Mönche war zwischen 19 und 35 Jahre alt, nur wenige waren im hohen Alter. Einige hatten Handwerksberufe gelernt, andere studierten an der Päpstlichen Hochschule auf dem Gelände. Auch ein Bildhauer war dabei, der nun im Kloster weiterarbeitete. Die meisten waren als Priester und Seelsorger tätig in der näheren Umgebung, forschten und unterrichteten oder organisierten den Betrieb der großflächigen Anlage.

Alle hatten sie den gregorianischen Gesang lernen müssen: ihr gesungenes Chorgebet auf Latein, das vor allem aus Psalmen besteht, zu hören auch auf ihrem Musikalbum *Chant – Music for Paradise* und ihrem Youtube-Kanal.[8] Nach einigen Tagen konnte ich einige Stimmen unterscheiden, was den Charakter des persönlichen Gebetes im Chor für mich noch betonte. Manchmal kam ich auch zur letzten Gebetszeit dazu, dem »Rosenkranz« um 20.10 Uhr in einer kleinen Kapelle. Ich konnte interessante Gespräche führen, vor allem aber die Beobachtung und den gleichmäßigen Ablauf der Tage auf mich wirken lassen. Die Mahlzeiten – regionale Küche in einem prächtig ausgemalten barocken Speiseraum – wurden anfangs schweigend eingenommen. Jeder servierte einmal, der Älteste dem Jüngsten und umgekehrt. Ein Mönch las während der Mahlzeit einen anregenden Text vor und erinnerte an verstorbene Mitbrüder, die am jeweiligen Tag geboren worden waren. Dann schlug ein Gong, und das Gespräch mit dem Tischnachbarn war erlaubt.

Viel Zeit habe ich während meiner Klosterwoche allein in meinem kleinen Zimmer verbracht und gelesen, in der Bibel, aber auch in anderen Büchern. Mein Handy hatte wegen der abgelegenen Lage und den dicken Mauern fast keinen Empfang und lag meist oben auf dem Kleiderschrank, wo wenigstens SMS eingehen konnten. Manchmal ging ich zwischen den Gebetszeiten und Messen in dem felsigen Waldgebiet neben dem Kloster spazieren, unterhielt mich mit zufälligen Bekanntschaften und prägte mir einige traditionelle Gebetsverse auf Deutsch und Latein ein.

Ich hatte bei der Vorbereitung gelesen, dass es für manche bald beklemmend sei, ohne Arbeit, Familie und Ablenkungen »ganz auf sich zurückgeworfen« zu sein. Ich habe mich selten so frei und entspannt gefühlt. Mir schien, als ob durch den stetigen Lauf der Tage mit ihrem festen Rhythmus – Anregung und Ruhe, Gemeinschaft und Alleinsein, Natur und Kultur – meine Sinne ruhiger und geschärfter waren. Ich roch den Weihrauch, den Kerzendunst und den feuchten Waldgeruch von draußen, bemerkte die unterschiedlich behauenen Kirchenwände, das fein verzierte Chorgestühl mit seinem warmen rotbraunen Holzton, die Stickereien und Spitzen der Altardecken und Gewänder.

Über vieles konnte ich nachdenken, was im Alltag schnell wieder vergessen gewesen wäre. So befinden sich im Kloster angeblich ein Stück vom Kreuz, an dem Jesus gestorben ist, sowie ein Teil seiner Dornenkrone – authentisch im wissenschaftlichen Sinne oder durch Glauben authentisch? Mir war aufgefallen, dass die Mönche höflich, aber auch distanziert miteinander umgingen, selbst bei der brüderlichen Umarmung im Gottesdienst. Das war keine Freundschaft im weltlichen Sinne, sondern eine fein ausbalancierte Lebensgemeinschaft mit einem gemeinsamen Ziel, mit dem Aushalten der Eigentümlichkeiten des anderen, Regeln und Grenzen.

Nach einer Woche musste ich wieder abreisen, weil meine beruflichen Verpflichtungen und mein eigenes Leben riefen. Aber ich habe mich bei dieser Einkehr Gott besonders nahe gefühlt und bin gestärkt daraus hervorgegangen. Wann immer ich in der Nähe bin, besuche ich bis heute Heiligenkreuz zumindest für eine Gebetszeit, zünde eine Kerze an und gehe danach vielleicht in den Klostergasthof für ein Wiener Schnitzel, Apfelstrudel und ein Glas Grünen Veltliner.

Seit meinem ersten Besuch war ich auch in anderen Klöstern zu Gast, etwa im Stift Neuburg bei Heidelberg, wie auch bei glaubensorientierten Konferenzen und Veranstaltungen in der Schweiz und in den USA. Alle hatten ihren eigenen Charakter, waren aber immer Gelegenheiten, mehr über Gott und sein Volk zu lernen und den eigenen Glauben zu überdenken und zu stärken.

Ein interessantes, reichhaltiges spirituelles Leben ist vielschichtig und voller Anregungen und Einsichten. Es be-

rührt sämtliche Dimensionen – geistig, seelisch, körperlich –, will allein und gemeinschaftlich, in der Heimat und
in der Ferne erfahren sein. Die christliche Glaubenspraxis
unterstützt Sie dabei, Gott derart ganzheitlich kennenzulernen, mit ihm in Beziehung zu leben und dabei über sich
selbst hinauszuwachsen. Gleichzeitig ist sie in sich stimmig,
die unterschiedlichen Elemente passen also zueinander und
ergänzen sich. In diesem Kapitel finden Sie Anregungen für
all diese Dimensionen. Sehen Sie sie als sieben Wege, um
spirituell zu wachsen, sich also weiterzuentwickeln.

1. GEISTIG: GOTT VERSTEHEN LERNEN

Spricht man vom Glauben, kann – allein wegen des Be-
griffes – leicht der falsche Eindruck entstehen, es handele
sich dabei sozusagen nur um gefühlte Wahrheiten, für jeden frei behauptbar. Das trifft nicht zu. Der christliche
Glaube hat seine Grundbegriffe und Logik, eine fast
2000-jährige Geschichte, Traditionen und Praktiken. Sie
lassen sich studieren, zunächst ganz unabhängig davon,
wie Sie sie anschließend für sich bewerten. Damit erwei-
tern Sie Ihre kulturelle und historische Bildung und können auch, speziell über den christlichen Glauben infor-
miert, diskutieren und entscheiden.

Es macht Freude, sich mit spirituellen Fragen, wie sie
dieses Buch anspricht, intellektuell auseinanderzusetzen.

Jede Generation hat ihre eigenen Antworten gefunden. Sie beginnen also nie von vorn, werden aber auch nie zu einem abschließenden Urteil kommen, sondern immer dazulernen.

Wichtig dafür ist, dass Sie lesen: regelmäßig in der Bibel (Empfehlungen dazu im nächsten Kapitel) und in einem Katechismus, der die Glaubensregeln zusammenfasst, dazu in ergänzenden Büchern und Artikeln, je nach Ihren Interessen. Diskutieren Sie das Gelernte mit fachkundigen, erfahrenen Gesprächspartnern (z. B. einem Pfarrer oder Priester, anderen Gemeindemitgliedern), um Ihre Schlüsse zu reflektieren, Rückfragen zu stellen und Missverständnisse zu korrigieren.

2. SEELISCH: GOTTES NÄHE FÜHLEN

Ein Mindestmaß an Faktenwissen ist notwendig, die intellektuellen Überlegungen dazu sind interessant. Aber der christliche Glaube ist kein theoretisches Gedankenspiel, lässt sich nie allein gedanklich verstehen. Ihre Gefühle eröffnen Ihnen Einsichten, die über Worte und Fakten hinausgehen. Lassen Sie daher Gottes Nähe auch emotional auf sich wirken. Achten Sie darauf, was Sie spüren und wie Sie diese Wahrnehmung verändert. Sie öffnen sich damit für ein intuitives Verstehen abseits der Worte und erlauben sich gelegentlich ein vertrauensvolles Loslassen.

Wenn Sie bisher eher »kopflastig« sind, ist das anfangs vielleicht ungewohnt für Sie oder sogar ein wenig beängstigend,
bald aber befreiend. Ihr Leben wird aufregender, tiefgrün-
diger und sinnlicher, wenn Emotionen es bereichern: Liebe
und Hass, Freude und Trauer, Bewunderung und Ableh-
nung würzen die Wahrnehmung der Welt.

Sie nehmen die emotionale Seite des Glaubens wahr,
wenn Sie seinen kreativen Ausdruck auf sich wirken lassen. Er zeigt sich in der Architektur und Dekoration von
Kirchen, Kapellen und Klöstern, in ihrem Geruch, bei den
kunstvollen Skulpturen, Gemälden und liturgischen Gegenständen (z. B. Kruzifixe, Monstranzen, Gewänder), in
christlicher Musik, Filmen und Büchern. Ebenso natürlich in dem, was Sie im Umgang mit anderen Christen
fühlen.

3. KÖRPERLICH: AUF GOTT ZUBEWEGEN

Als Menschen leben wir immer in der physischen Dimension, sind von Gott zu »Fleisch und Knochen« (1. Mose 2,
21–23) geformt. Wir agieren und reagieren körperlich mit
unseren Stimmen, mit Blicken, Mimik und Gesten, bewegen uns mit unserer Muskelkraft. Wir erfassen die Welt
und unsere Mitmenschen durch Sinnesorgane. Sehen, hören, riechen, schmecken und ertasten sie, nehmen Tempe-
ratur, Bewegung und Gleichgewicht wahr.

Körperlichkeit gibt dem Glauben die physische Substanz und Solidität und holt ihn erst aus dem Abstrakten in unsere Welt. Sie erdet Intellektualität und Emotionalität, versieht sie mit Gewicht und Realität. Jesus selbst war, das ist christliche Überzeugung, gleichzeitig Gott und Mensch, also mit unserer Körperlichkeit als Schöpfer und aus eigenem Erleben vertraut.

Nehmen Sie sich und andere daher immer auch körperlich wahr. Wenn Sie sich vor dem Gottesdienst mit Handschlag oder – wenn vertrauter – mit einer Umarmung begrüßen, an den jeweiligen Stellen aufstehen und sich setzen. Spüren Sie beim Singen die Kraft Ihrer Stimmbänder und Lunge, beim Beten die veränderte Haltung (z. B. Knien oder Händefalten). Auch Fasten und Pilgern – das Wandern zu einem Wallfahrtsort – gehören dazu.

4. ALLEIN: IN DER STILLE GOTT BESSER HÖREN

Die Bibel sagt, dass Gott zwar dramatisch erscheinen könne, aber auch wie *»ein ganz leiser Hauch«* (1. Könige 19, 12). Das bedeutet: Wer ihn hören will, muss sich manchmal dem Lärm seines Alltags und den Reden seiner Mitmenschen entziehen und mit ihm allein sein. Eine Tür schließen, hinter der die Aufgaben und Sorgen des Berufslebens, die Verpflichtungen des Privatlebens, auch die schönen Ablenkungen und Zerstreuungen zurückbleiben.

Bewusstes Alleinsein – was etwas ganz anderes als unerwünschte Einsamkeit ist – erlaubt Ihnen, sich zu konzentrieren und sich dann für Gott zu öffnen. Es kann Ihnen Ruhe und Sicherheit geben, Trost in schwierigen Lebenslagen, Klarheit vor Entscheidungen. Je nachdem, worum Sie im Gebet bitten und wozu Sie reflektieren (z. B. mit einer Lektüre eines passenden Bibeltextes). Sie sind nach christlichem Verständnis dabei im Zwiegespräch, nicht allein. Gott sieht, hört und versteht sie.

Sie erfahren diese Dimension in stillen Gebets- und Andachtszeiten, beispielsweise jeden Morgen, bevor Ihr Tag beginnt. Wenn es Ihnen möglich ist, auch während einiger Tage im Kloster oder als Teilnehmer eines Exerzitiums, also einer geführten geistlichen Übung. Aber auch bei einem Spaziergang oder einer Wanderung allein. Sie können dabei ein freies oder strukturiertes Gebet (z. B. den »Rosenkranz«) sprechen und Ihren Gedanken folgen.

5. GEMEINSAM: TEIL VON GOTTES VOLK SEIN

Das Leben ist immer eine gemeinschaftliche Erfahrung, ohne andere ganz unmöglich. Unsere Existenz entspringt der Schöpfung durch Gott innerhalb der elterlichen Beziehung. Jeder weitere Schritt, sei er privat oder beruflich, erfordert auch andere Menschen. Das macht uns einerseits abhängig, andererseits hängen andere von uns ab.

Diese zweifache Bindung – Geben und Nehmen – prägt auch den gemeinsam praktizierten Glauben.

Man muss sich verabreden, einigen und Rücksicht nehmen, stößt auf viele unvollkommene Menschen und muss sich eingestehen, dass man wohl ebenso ist. Das ist oft unbequem und anstrengend, befreit aber aus den Begrenzungen der eigenen Egozentrik. Sie üben dabei Selbstbeherrschung und -überwindung, Geduld, Vergeben und Demut. Sie lernen, dass andere Sie brauchen, Sie aber auch etwas beitragen können. Wer glaubt, der glaubt nie allein.

Die regelmäßigen Aktivitäten einer Kirchengemeinde bieten dafür unzählige Gelegenheiten: Gottesdienste, Bibel- und Lerngruppen, Ehrenämter, Unternehmungen, Ausflüge. Beteiligen Sie sich wöchentlich am besten an ein bis zwei Aktivitäten. Eine wichtige spirituelle Praxis in diesem Bereich ist es auch zu spenden, also gerne Geld für einen guten Zweck zu geben – und gleichzeitig alle damit verbundenen Befürchtungen überwinden zu lernen.

6. IN DER HEIMAT: GOTT IM NÄCHSTEN FINDEN

Die regelmäßige Glaubenspraxis mit anderen erfordert schon aus praktischen Gründen, dass sie in der Nähe Ihres Wohn- oder Arbeitsortes stattfindet. Sei es, dass Sie als festes Mitglied einer Gemeinde aktiv sind, nur gelegentlich für eine Veranstaltung vorbeischauen oder andere einladen oder treffen (z. B. für einen wöchentlichen Hauskreis).

In Ihrem nächsten Umfeld erleben Sie Gott häufig unspektakulär, dafür direkt, authentisch und in der Tradition Ihrer Herkunft. Das fordert heraus: Sie können nicht ewig darauf beharren, wie Umstände und Beteiligte idealerweise sein müssten, sondern lernen, etwas aus dem zu machen, was Sie vorfinden. Ein Gottesdienst ist dann keine Inszenierung, die Sie wie ein Theatergast besuchen, sondern wirklich der gemeinsame Dienst für Gott.

Um diese Dimension zu erkunden, schließen Sie sich einer Gemeinde in Ihrer Nähe an und bringen Sie sich aktiv ein (mehr dazu im nächsten Kapitel). Suchen Sie im Internet bei Interesse auch einmal nach interessanten Kirchen, Klöstern, Pilgerwegen und Wallfahrtsorten in der Nähe Ihres Wohnortes und besuchen Sie diese Orte. Lesen Sie mehr über christliche Persönlichkeiten aus Ihrer Region, lebende wie historische, und reflektieren Sie, was Sie kulturell miteinander verbindet.

7. IN DER FERNE: GOTTES GROSSE FAMILIE ERLEBEN

Die eigene Herkunft prägt, das heimatliche Umfeld fühlt sich vertraut und sicher an. Aber Sie sind Teil einer viel größeren, nämlich weltweiten Familie: der gesamten Christenheit. Sie umfasst teilweise recht unterschiedliche Vorstellungen, Vorlieben und Gewohnheiten und hat gleichzeitig gemeinsame Überzeugungen (zusammengefasst im »Apostolischen Glaubensbekenntnis«), Werte und Praktiken.

Diese Dimension weitet Ihren Blick über das Bekannte hinaus, in das Sie hineingeboren worden sind. Wenn Sie diese Dimension für sich entdecken, schützen Sie sich vor geistiger Enge, zu starren Vorstellungen und Provinzialität. Sie entdecken das Gemeinsame im anfänglich Fremden. Das bedeutet nicht, sich anderen anzupassen und sich selbst aufzugeben zu müssen. Sondern vielmehr: das Eigene besonders wertzuschätzen, sich aber anregen und bereichern zu lassen.

Suchen Sie dafür die Freundschaft mit Christen aus anderen Weltregionen – über das Internet (z. B. in Facebook-Gruppen) oder persönlich (z. B. bei internationalen Kirchentreffen). Bleiben Sie mit befreundeten Christen, die ins Ausland ziehen, in Kontakt. Gehen Sie im Urlaub in den örtlichen Gottesdienst, auch wenn er in einer anderen Sprache stattfindet. Sehen Sie sich gelegentlich Reportagen über christliches Leben anderswo in der Welt an.

LERNEN UND PRAKTIZIEREN

In vielem gleicht ein bewusstes Glaubensleben dem Erlernen einer Fremdsprache. Sie müssen sich einmal für eine entscheiden, können also nicht ewig nur darüber nachdenken oder immer wieder wechseln, wenn Sie Fortschritte machen wollen. Es gilt dann, zuerst grundlegende Vokabeln und Regeln zu lernen und anschließend auf vielfältige Weise praktisch zu üben, um sie sich zu eigen und nutzbar zu machen. Niemand ist sofort gut darin, und selbst die Besten verbessern sich ihr Leben lang weiter. Für die Sprache des Glaubens – für die Beziehung mit Gott – gilt das ebenso. Im folgenden Kapitel finden Sie deshalb einige Empfehlungen, wenn Sie damit noch keine oder wenige Erfahrungen haben.

Eine spirituelle Übung:
Ein vielschichtiges Glaubensleben planen

Eine vielschichtige Glaubenspraxis bereichert Ihr Leben, sollte aber auch ein wenig geplant werden. Suchen Sie sich dafür aus diesem Kapitel drei möglichst unterschiedliche Anregungen heraus, die Sie einmal ausprobieren wollen. Beispiel: eine morgendliche Gebetszeit von zehn Minuten probeweise für eine Woche, ein langer Spaziergang zum nächstgelegenen Kloster an einem schönen Samstag, und eine Playlist auf Spotify mit christlicher Musik anlegen, die Sie anspricht. Planen Sie alles am besten direkt in Ihrem Kalender ein, damit Ihr Vorhaben nicht gleich wieder in Ihrem Alltag untergeht. Behalten Sie nach dem Ausprobieren bei, was Ihnen gefiel, und testen noch etwas anderes dazu.

WIE FÄNGT MAN ES AN, WENN MAN NICHT GLAUBEN KANN?

Als ich mit Anfang 30 mein erstes ernst gemeintes Gebet sprach, war das eine sehr merkwürdige Erfahrung. Ich fragte mich, ob ich es »richtig« machte – von der Wortwahl über den Ablauf bis zur Körperhaltung –, als handelte es sich dabei um ein geheimnisvolles Ritual, das nur funktionieren konnte, wenn mir dabei kein Fehler unterlief. Aber es war mir ein unaufschiebbares Bedürfnis geworden, Gott zu sagen, was mich im Innersten beschäftigte und was ich mir von ihm erhoffte. Gleichzeitig fühlte ich mich unsicher und verlegen. Erst später wurde mir klar, warum. Nicht wegen der Befürchtung, mich vor anderen zu blamieren, denn ich war ja allein in meiner Wohnung. Sondern weil ich mir in diesem Moment meine Bedürftigkeit eingestand, obwohl ich doch immer auf meine Unabhängigkeit stolz gewesen war. Ich spürte die Furcht, mich etwas zu überlassen, das sich als völliger Irrtum herausstellen könnte. Müsste ich mich später wieder korrigieren, würde ich mich nicht nur lächerlich machen, sondern hätte mich vor allem grundsätzlich selbst geirrt und für mein Leben auf das Falsche gesetzt.

Im Rückblick sind diese Bedenken verständlich, aber sie waren unnötig. Ich hätte bei meinem Gebet nichts falsch machen können, denn ich hatte mit Gott ein aufmerksames, liebevolles Gegenüber. Gleichzeitig hatte mich mein Gefühl nicht getrogen: Ich bin nicht allein gewesen, Jesus war bei mir, als ich vor dem entscheidenden, ein wenig beängstigenden Schritt stand, mich ihm anzuvertrauen, ohne alles über ihn zu wissen oder je wissen zu können. Doch so kann der Weg beginnen, Gott wirklich kennenzulernen: sich bewusst dafür zu entscheiden. Dabei muss jeder seinen eigenen Zugang finden. Für den einen ist es ein sanftes Herantasten, für den anderen gibt es den plötzlichen Moment des Verstehens, der alle wichtigen Fragen beantwortet.

Ich habe den Glauben in einem früheren Kapitel mit einer Liebesbeziehung verglichen, wie es die Bibel an vielen Stellen auf poetische Weise tut – Gott als Bräutigam, sein Volk als Braut. Aus eigener Erfahrung oder Beobachtung wissen Sie allerdings, dass Liebesbeziehungen ganz unterschiedlich beginnen und sich entfalten können. Manche aus der ganz praktischen Erwägung, nicht länger allein sein zu wollen, andere aus Sympathie oder Freundschaft, wieder andere aus sofort entflammter Leidenschaft. Für manche ist nach der ersten Begegnung bereits alles klar. Andere brauchen viele Treffen, bis sie den Eindruck haben, dass es passen könnte. Ob es auf Dauer gut geht, weiß man manchmal erst Jahre später. Schon ein geliebter Mensch bleibt bis zu einem gewissen Grad immer ein Geheimnis, umso mehr Gott.

In jedem Fall müssen sie einander kennen- und verstehen lernen. Etwas zusammen unternehmen, sich gegenseitig

Fragen stellen und beantworten, zuhören und beobachten. Zuneigung und Interesse auch ausdrücken – und sich irgendwann entscheiden, ob sie diesen Weg zusammen weitergehen wollen.

Genauso verhält es sich mit dem Glauben, also mit Ihrer Beziehung zu Gott: Sie setzt voraus, dass Sie – wenn Sie, spirituell gesehen, nicht mehr allein sein wollen – ein wenig aktiv werden.

Nachfolgend finden Sie einige praktische Empfehlungen dafür. Sie helfen Ihnen bei den ersten Schritten: sich einen Eindruck davon zu verschaffen, wie es wäre, bewusst mit Gott zu leben. Setzen Sie sich dafür der christlichen Welt aus, lernen Sie sie für sich (neu) kennen. Ohne große Erwartungen, sondern eher neugierig, was Sie daraus für sich ziehen könnten, ob und wie sie Sie verändern würde. Beteiligen Sie sich zuerst, entscheiden Sie danach.

In Ihrem Alltag wird es dabei immer etwas geben, das dringender und oft auch interessanter erscheint. Nehmen Sie sich trotzdem ein wenig Zeit, die spirituellen Wahrheiten für sich zu entdecken und Ihren Blick zu weiten.

Sie müssen dafür nicht Ihren ganzen Alltag umwerfen. Reduzieren Sie ein wenig bei den tagesaktuellen Aufregungen, bei Unterhaltung und elektronischer Kommunikation – also etwas weniger Facebook, Instagram und Whatsapp, weniger Fernsehen und Netflix. Damit schaffen Sie sich Freiräume für Ihr spirituelles Leben und seine Praxis. Halten Sie sich während Ihrer Zeit des Kennenlernens von esoterischen, okkulten oder anders religiösen Praktiken fern

(z. B. Horoskope, Geistheilung, buddhistisches Meditieren, Tantra), nach einer Entscheidung für Jesus ganz. Sie werden sehen, dass Sie das auch gar nicht mehr benötigen.

REGELMÄSSIG IN DER BIBEL LESEN

Die Bibel ist voll von gedanklicher und sprachlicher Schönheit, durchzogen von Gottes Geist und Intelligenz und kann Sie deshalb aus eigener Kraft bereits verändern. Regelmäßig die Bibel zu lesen vertieft Ihr kulturelles, historisches und spirituelles Wissen. Bei Lebensfragen kann die Bibel beraten, trösten und ermutigen. Gleichzeitig korrigiert das Bibelstudium auch Annahmen, die nicht mit einem christlichen Welt- und Menschenbild kompatibel sind.

Häufigster Anfängerfehler: Versuchen, die Bibel wie ein Sachbuch von vorn nach hinten durchzulesen, zudem vielleicht eine traditionelle Ausgabe in altertümlicher Sprache. Vieles wäre Ihnen unverständlich, scheinbar irrelevant und deshalb schnell langweilig.

So fangen Sie an: Kaufen Sie sich eine günstige Bibelausgabe in einer alltagssprachlichen Übersetzung (z. B. die »Gute Nachricht Bibel«), die Ihnen auch optisch gefällt. So nehmen Sie sie gern zur Hand, können auch ohne Bedenken einmal etwas darin markieren oder notieren. Lesen Sie zuerst eines der vier Evangelien[9] über das Leben und die Lehren von Jesus. Mein Favorit dafür wäre *Lukas*. Danach *1. Mose* über die Erschaffung der Welt, die *Psalmen* und *Sprüche*.

Der nächste Schritt: Lesen Sie die gesamte Bibel im Laufe eines Jahres einmal durch, um einen Gesamtüberblick zu erhalten. Das erfordert ca. 15 Minuten am Tag. Folgen Sie dazu einem *chronologischen Leseplan*. Er ordnet den Bibeltext nach der zeitlichen Reihenfolge der Ereignisse und gibt Ihnen die tägliche Lektüre vor. Das hilft Ihnen dabeizubleiben. Bibellesepläne finden Sie im Internet und in den meisten Bibel-Apps fürs Handy oder Tablet.

FÜR SICH UND ANDERE BETEN

Beten ist das Gespräch mit Gott, in dem Sie ausdrücken, was Sie bewegt. Andererseits achten Sie darauf, was Sie gedanklich und emotional von ihm empfangen. Es ist damit etwas anderes als Meditation z. B. gegen Stress, bei der Sie sich auf sich selbst konzentrieren und versuchen, sich zu entspannen. Beten ist ein Dialog mit Gott als Gegenüber: Sie können ihm Ihre Wünsche, Sorgen und Probleme mitteilen, nach Hilfe oder Rat fragen und sich bedanken.

Häufigster Anfängerfehler: Wenn Sie noch nie gebetet haben, zögern Sie vielleicht, weil Sie schon den Gedanken daran unangenehm, peinlich oder bizarr finden – als würden Sie sich bewusst selbst täuschen. Oder Sie probieren es gar nicht, weil Sie es für sinnlos halten.

So fangen Sie an: Sprechen Sie in einem ruhigen Moment ein Gebet mit eigenen Worten – hörbar, nur geflüstert oder ganz in Gedanken. Bedanken Sie sich bei Gott für etwas Gutes, das Ihnen zugestoßen ist. Sprechen Sie auch Ihre Ängste, Sorgen, Wünsche oder Hoffnungen aus. Schließen Sie mit »Danke« und »Amen«, was bedeutet, dass Sie sich mit diesem Anliegen ganz Gott anvertrauen.

Der nächste Schritt: Gestalten Sie sich eine feste Gebetszeit, z. B. morgens oder abends zehn Minuten. Auf Wunsch vor einem Bild von Jesus, einem Kreuz oder nur einer Kerze. Lernen Sie das »Vaterunser« (Matthäus 6, 9–13) auswendig, mit dem Sie beginnen oder enden können. Suchen Sie sich unter den 150 *Psalmen* einige aus, die Sie ansprechen. Auch sie eignen sich gut als Gebetstexte. Unter meinen Favoriten sind die Psalmen 1; 8; 23 und 27.

CHRISTLICHE WEBSEITEN UND APPS NUTZEN

Die meisten von uns nutzen sowieso täglich einen Computer und greifen unzählige Male zum Handy. Aus beruflichen Gründen, zur Unterhaltung, aus Langeweile. Das sind Gelegenheiten, sich spirituell weiterzuentwickeln und manches ungünstige Onlineverhalten zu reduzieren. Lassen Sie dafür einige christliche Inhalte einfließen, die Sie anregen, inspirieren oder erfreuen (z. B. ein entsprechendes schönes Hintergrundfoto oder ein Widget mit täglichem Bibelzitat).

Häufigster Anfängerfehler: Unterschätzen, welch starke Verführungskraft und oft negative Wirkung viele digitale Angebote haben. Wer in diesem Bereich unachtsam ist, erhöht sein Risiko für negative Verhaltensweisen wie Untreue, Streit, Wut und Neid (siehe Galater 5, 19–21).

So fangen Sie an: Abonnieren Sie bei den Plattformen, die Sie sowieso nutzen (z. B. Youtube, Facebook, Instagram, Spotify) auch einige christliche Seiten bzw. Kanäle. Deren Inhalte werden Ihnen dann mit eingespielt. Installieren Sie auch einige Handy-Apps. Unter meinen Favoriten: die »YouVersion Bibel« (Life.Church) für die Lektüre unterwegs und Lesepläne, die Jesus-Serie *The Chosen* (Angel Studios) und »Stundenbuch – Stundengebet« (Katholischer Hub für Innovation und Medien).

Der nächste Schritt: Achten Sie bei Ihrem täglichen Medienkonsum darauf, dass immer auch ein christlicher Anteil dabei ist – ganz nach Ihren Interessen und Vorlieben. Beispiele: eine Playlist mit christlicher Musik aus aller Welt (z. B. Gregorianik, Pop, Rock) zum Entspannen und für Andachtszeiten, Abos einiger christlicher Youtuber und Podcaster, entsprechende Digitalbücher, Lern- und Nachrichten-Apps.

SICH IN EINER GEMEINDE ENGAGIEREN

Der christliche Glaube ist nie nur einsame Selbstreflexion, sondern immer Gemeinschaft. Beteiligen Sie sich deshalb in einer örtlichen Gemeinde, sei es zunächst auch nur als gelegentlicher Besucher. Dort finden Sie Gleichgesinnte, die sich ebenfalls spirituell und persönlich weiterentwickeln wollen, ausgebildete Seelsorger (Priester, Pfarrer) und Kurse, um sich mit den Grundzügen und vertiefenden Aspekten des Christseins zu beschäftigen.

Was Sie nicht tun sollten: Sich lustlos in eine Gemeinde zwingen, die Ihnen gar nicht entspricht und Ihnen deshalb nur wenig bringt. Schon bald würden Sie das dem Christentum insgesamt anlasten, nicht mehr hingehen und eine wertvolle Chance verschenken.

So fangen Sie an: Sehen Sie sich mindestens drei unterschiedliche Gemeinden in Ihrer Nähe an. Gehen Sie zum Gottesdienst oder zu einer anderen Veranstaltung, wenigstens je zweimal, um einen realistischeren Eindruck zu erhalten. Lassen Sie den Raum, die Atmosphäre und die anderen Besucher auf sich wirken. Seien Sie anschließend mutig und stellen Sie sich zwei bis drei Leuten vor. Prüfen Sie: Wie nimmt man Sie auf, könnten Sie sich hier wohlfühlen?

Der nächste Schritt: Gehen Sie für drei bis sechs Monate wöchentlich ein- bis zweimal in die Gemeinde Ihrer Wahl. Am besten zum Gottesdienst und für ein Ehrenamt, das Ihnen leichtfallen und Spaß machen würde (z. B. Einlass, Kinderbetreuung, Chor). So überwinden Sie die erste Scheu, können Sie sich sinnvoll einbringen, andere Mitglieder kennenlernen, über Glaubensfragen diskutieren, füreinander beten. Wenn vorhanden, beteiligen Sie sich an einer wöchentlichen Bibel- oder Hausgruppe.

NACH DEM CHRISTLICHEN KALENDER LEBEN

Der christliche Glaube gibt Ordnung und Struktur – dem Leben, aber auch dem Kalender. Unsere Jahreszählung beginnt mit Jesu angenommenem Geburtsjahr. Jede Woche, die Monate und das Jahr haben einen christlichen Rhythmus. Es gibt dafür vielfältige Traditionen, vom freitäglichen Fasten (z. B. kein Fleisch) und dem sonntäglichen Gottesdienst bis zu den Festzeiten (z. B. Advent). Leben Sie nach diesem Kalender, soweit es Ihnen entspricht.

Häufigster Anfängerfehler: Nur zu Weihnachten einmal in den überfüllten Gottesdienst gehen, eher aus Tradition denn aus eigenem Interesse, und ansonsten die christlichen Feiertage ignorieren, gar nicht einmal kennen. Sie verarmen dadurch kulturell und spirituell.

So fangen Sie an: Nutzen Sie einen Kalender, der Ihnen die christlichen Feiertage – über die staatlichen Feiertage hinaus – anzeigt. Bei einem Onlinekalender (z. B. von Google) lassen sie sich zusätzlich einblenden. Schlagen Sie die Bedeutung derjenigen Feiertage, die Ihnen unbekannt oder unklar sind, auf Wikipedia oder in einem anderen Lexikon nach. Dort lernen Sie auch mehr über damit verbundene Traditionen und Bräuche in Ihrer Region.

Der nächste Schritt: Feiern Sie über ein Jahr die wichtigsten christlichen Feste bewusst mit, zumindest Ostern, Christi Himmelfahrt, Pfingsten und Weihnachten. Lesen Sie die Bibelstellen über die Ereignisse nach und besuchen Sie die entsprechenden thematisch gestalteten Gottesdienste. Planen Sie aber auch eigene Höhepunkte nach Wunsch ein, etwa eine Pilgerwanderung, den Besuch einer christlichen Konferenz, einen Klosteraufenthalt.

Gut aufgehoben

Jeder dieser Punkte bedeutet eine gewisse Investition, denn all das erfordert Zeit und Aufmerksamkeit. Bisherige Gewohnheiten müssen neu justiert werden. Nichts davon ist allerdings Selbstzweck, sondern soll Sie spirituell ausrüsten und stärken, um die Herausforderungen des Lebens gut bewältigen zu können und sich charakterlich positiv – nach dem Vorbild von Jesus – zu entwickeln. Im letzten Kapitel finden Sie eine Zusammenfassung, wie solch ein gelungenes Leben aussieht. Das ist gleichzeitig auch die Wegstrecke, die wir überblicken können. Zusätzlich verspricht uns der Glaube, dass wir sogar über den Tod hinaus Bestand haben und gut aufgehoben sein werden. Nur Sie können dabei entscheiden, ob und wieweit sich Ihnen diese Welt eröffnet. Glauben ist immer eine freie, persönliche Entscheidung und eine Gabe.

Eine spirituelle Übung:
Eine Entdeckungsreise über zwölf Wochen

Jede Veränderung des Lebensstils braucht eine Zeit der Eingewöhnung. Das gilt, wenn Sie sich gesünder ernähren oder sportlich aktiver sein wollen - und ebenso, wenn Sie die Welt des praktizierten Glaubens für sich ausprobieren wollen. Nehmen Sie sich deshalb einen festen Zeitraum vor, ich empfehle zwölf Wochen. Das macht Sie unabhängiger von Ihrer tagesaktuellen Stimmung und erhöht die Wahrscheinlichkeit, dass Sie dabeibleiben und nicht gleich wieder aufgeben. Schreiben Sie sich am besten ein kleines, abwechslungsreiches Programm, inspiriert von diesem Kapitel, auf das Sie sich freuen. Entscheiden Sie nach den zwölf Wochen, ob und was Sie fortsetzen wollen.

EIN SINNVOLLES LEBEN, DAS GANZHEITLICH UND GELUNGEN IST

Wer eine der großen Kirchen betritt, wie es sie überall auf der Welt gibt, bleibt meist schon am Eingang beeindruckt und ein wenig überfordert wieder stehen, um sich zu orientieren. Der Blick streift über Haupt- und Seitenaltäre, geht zu den Säulen, auf denen das Dach ruht, folgt Verzierungen, die sich bis ins oberste Gewölbe ziehen. Glasfenster, Gemälde und Reliquien zeigen bedeutsame Personen, Schriftzitate, Symbole – manche sind sofort einleuchtend, andere erklärungsbedürftig. Ähnlich überwältigend kann der Blick auf das Gebäude des christlichen Glaubens sein.

Dann wieder kommt es vor, beispielsweise während einer Wanderung, dass man sich plötzlich vor einer kleinen Dorfkirche oder Kapelle wiederfindet, die bescheidene Holztür aufdrückt und in den kleinen, stillen Raum geht, um sich ein wenig auszuruhen. Die Wände sind weiß gekalkt, die wenigen Bänke grob gezimmert. An der Wand hängt nur ein schlichtes Kreuz. Aber all das genügt bereits, um durchzuatmen und sich zu sammeln, an eigene Sorgen und geliebte Menschen zu denken, auch an die Dankbarkeit für das, was man hat. Vielleicht ein kurzes Gebet zu sprechen, das Gott erhören möge. In solchen Momenten ist der Glaube ganz einfach, braucht weder viele Regeln noch weitreichende Erklärungen. Vertrauen und Hoffnung genügen.

Nie ganz zu durchdringen

Die komplexen Wahrheiten, die wir in diesem Buch angesprochen haben, sind in ihrer Tiefe unerschöpflich und
für keinen jemals ganz zu durchdringen. Wie die alten
Schriften zeigen, hat man sich bereits vor Tausenden Jahren darüber Gedanken gemacht. Die größten Gelehrten
jeder Zeit haben ihre Theorien aufgestellt, andere sie wieder verworfen. Gleichzeitig fügen sie sich zu einem einfachen Bild zusammen: Es ist leicht, ein sinnvolles Leben zu
führen, das ganzheitlich und gelungen ist. Keiner muss
dafür jedes Detail verstehen, unzählige Regeln befolgen
oder sich unzumutbar einschränken.

Wenig genügt: vertrauensvoll an Jesus zu glauben und
seiner Führung für das eigene Leben zu folgen, wie er aus-
drücklich zugesagt hat. *»Kommt alle zu mir; ich will euch
die Last abnehmen! Ich quäle euch nicht und sehe auf niemand herab. Stellt euch unter meine Leitung und lernt bei
mir; dann findet euer Leben Erfüllung. Was ich anordne, ist
gut für euch, und was ich euch zu tragen gebe, ist keine
Last«* (Matthäus 11, 28–30).

Ein gelungenes Leben folgt, so fasst es sich für Jesus zusammen, einer einfachen Formel: *»Liebe den Herrn, deinen Gott, von ganzem Herzen, mit ganzem Willen und mit
aller deiner Kraft und deinem ganzen Verstand! Und: Liebe
deinen Mitmenschen wie dich selbst!«* (Lukas 10, 27). Wer
so handele, werde das wahre Leben finden, jetzt und sogar
über den Tod hinaus.

Im letzten Kapitel geht es um die drei Aspekte dieser fundamentalen Aussage. Sie beantworten zusammmen, was der Sinn des Lebens ist: Gott lieben, andere lieben und sich selbst lieben – untrennbar miteinander verbunden. In diesem Dreiklang bestätigt und konkretisiert sich die Aussage, dass alles Liebe ist: Ja, aber sie ist mehr als ein Gefühl oder schönes Reden. Lieben heißt handeln. Entscheiden Sie sich für jeden der drei Aspekte, idealerweise etwa im gleichen Maß, auch wenn sich das in der Praxis – je nach Ihrer Lebensphase – immer einmal etwas verschieben wird. Dann wird Ihr Leben sinnvoll, ganzheitlich und gelungen sein.

1. »LIEBE DEN HERRN, DEINEN GOTT …« – ETWAS FÜR DIE WELT TUN

Beim ersten Aspekt geht es darum, Gott zu lieben, und zwar mit allem, was er Ihnen gegeben hat (»… *von ganzem Herzen, mit ganzem Willen und mit aller deiner Kraft und deinem ganzen Verstand!*«). Sie erkennen darin die Ganzheitlichkeit wieder, die wir im Kapitel »Sieben Wege, spirituell zu wachsen« besprochen haben. Setzen Sie einige Anregungen daraus um, die Ihnen entsprechen und Sie positiv herausfordern: Lernen Sie Gott besser kennen und verstehen (z. B. durch Gebet, regelmäßiges Bibelstudium).

Zeigen Sie Ihre Liebe zu ihm aber auch, indem Sie etwas für seine Schöpfung tun, also für Menschen, Tiere oder

die Natur, indem Sie sich beispielsweise für Menschen-
oder Minderheitenrechte, für Klima-, Umwelt- oder Tier-
schutz, in einer politischen, religiösen, weltanschaulichen
oder sozialen Organisation (z. B. Kirche, Partei, NGO,
Verein) engagieren. Damit bringen Sie sich in ein größeres
Ganzes ein, das über Sie und Ihren Alltag hinausreicht.
Das gibt Ihrem Leben eine tiefere Bedeutung, und manche eigene Sorge relativiert sich dabei.

Worauf Sie achten sollten: Kritisieren Sie nicht ewig die
Weltlage und fordern vor allem etwas von anderen. Bleiben Sie auch kein passiver Spender. Leisten Sie Ihren Beitrag (z. B. ein bis zwei Stunden Ehrenamt pro Monat).
Doch seien Sie sich bewusst: Sie müssen nicht allein die
Welt retten. Das schützt Sie vor Überlastung, Verbitterung
und Selbstgerechtigkeit.

Warum Sie es nicht allein dabei belassen sollten: Um
sich nicht in idealistischen Utopien zu verlieren und dabei
die menschliche Seite und sich selbst zu vergessen. Umgekehrt bewahrt Sie ein gesundes Maß davor, frömmlerisch
und zu weltabgewandt zu werden.

2. »LIEBE DEINEN MITMENSCHEN ...« – ETWAS FÜR ANDERE TUN

Beim zweiten Aspekt geht es um Nächstenliebe. Das heißt: Für jemanden da zu sein, der Ihnen – räumlich oder persönlich – bereits nah ist. Das ist entscheidend. Denn damit sind Sie nicht mehr bei der allgemeinen, ein wenig unverbindlichen Menschheitsliebe, sondern bei einem konkreten Mitmenschen, dessen Weg mehr oder weniger zufällig den Ihren gekreuzt hat. Manchmal erkennen Sie eine Notlage oder Bedürftigkeit. Häufiger aber genügen schon kleine Gesten, um das Leben eines anderen etwas leichter oder schöner zu machen.

Schauen Sie sich dafür in Ihrem Alltag aufmerksam danach um, wo Sie anderen liebevoll begegnen könnten. Typische Beispiele: Sie besuchen einen kranken Freund, rufen gelegentlich eine einsame frühere Kollegin an oder bieten einer überforderten Nachbarsfamilie an, sie einmal beim Einkauf oder bei der Kinderbetreuung zu unterstützen. Damit üben Sie sich in Intuition, Geduld und Nachsicht und schützen sich vor übergroßem Idealismus und davor, nur in Strukturmaßnahmen zu denken (was z.B. »die Politik« tun müsste).

Worauf Sie achten sollten: Unterschätzen Sie nicht, wie wertvoll bereits Ihre Anwesenheit ist, wenn Sie etwa jemanden besuchen oder aufmerksam zuhören. Helfen heißt nicht, dass Sie sich alle Probleme anderer zu eigen machen und sie selbst lösen müssen. Begrenzen Sie auch hier Ihren Einsatz. Schon ein bis zwei Stunden pro Woche sind viel.

Warum Sie es nicht allein dabei belassen sollten: Um sich nicht zu erschöpfen oder daran zu verzweifeln, dass viele Probleme lange oder immer unlösbar bleiben. Umgekehrt bewahrt Sie ein gesundes Maß davor, sich im Helfen für andere selbst aufzureiben.

3. »… WIE DICH SELBST!« – ETWAS FÜR SICH SELBST TUN

Beim dritten Aspekt geht es darum, sich selbst zu lieben – und das durchaus im vergleichbaren Maß zu dem, was Sie Ihren Nächsten entgegenbringen und für sie tun (*»Liebe deinen Mitmenschen wie dich selbst!«*). Es wird also nicht erwartet und ist nicht empfehlenswert, ein freudloses Leben nur für andere zu führen und sich selbst ganz aufzugeben. Sie dürfen und sollen genießen und sich daran freuen, was Gott mit Ihnen und für Sie geschaffen hat. Vernachlässigen Sie also nicht Ihre eigenen Bedürfnisse und Wünsche.

Zeigen Sie Ihre Liebe zu sich selbst, indem Sie zuerst einmal anerkennen, was Sie geleistet und erreicht haben, auch wenn die Umstände oft nicht ideal waren. Gönnen

Sie sich regelmäßig etwas, das Sie erfreut, erholt und belebt. Typische Beispiele: In ein Restaurant oder in eine Bar gehen, zum Tanz oder Sport, sich etwas Schönes kaufen, Wellness, einen Ausflug oder eine Reise erlauben. Das bringt Spaß, Leichtigkeit und Genuss in Ihr Leben und erlaubt Ihnen, sich langfristig für andere zu engagieren und dabei lebensfroh zu bleiben.

Worauf Sie achten sollten: Lassen Sie sich kein schlechtes Gewissen einreden, weil es noch Krisen auf der Welt und Menschen mit Problemen gibt. Achten Sie nur darauf, dass Sie sich finanziell und zeitlich nicht überlasten oder ewig von wichtigen Aufgaben (z. B. notwendiger Jobwechsel, Partnersuche) ablenken.

Warum Sie es nicht allein dabei belassen sollten: Um nicht nur um sich zu kreisen. Zudem werden selbst die schönsten Dinge und aufregendsten Aktivitäten für sich allein auf Dauer öde. Ein gesundes Maß bewahrt Sie vor selbstzerstörerischem Hedonismus.

Leicht umzusetzen

Wenn Sie die Evangelien aufmerksam lesen, werden Sie alle drei Aspekte darin wiederfinden. Jesus war nach christlicher Überzeugung zugleich Gott und Mensch und hat sein Leben für die Menschheit geopfert. Er hat sich für Einzelne eingesetzt, geholfen und getröstet, mit anderen geweint und sie ermutigt. Und er hat schöne Momente mit seiner Familie und Freunden genossen, mit ihnen gegessen, getrunken und gelacht. Oft wird darauf hingewiesen, dass sein erstes öffentliches Wunder darin bestand, als Gast einer Hochzeitsfeier Wasser in Wein zu verwandeln und natürlich mitzufeiern (Johannes 2, 1–12).

Insgesamt zeigt er uns damit das Ideal der Lebensführung und auch der persönlichen Entwicklung: nämlich ein liebevoller, fröhlicher, friedlicher, geduldiger, freundlicher, gütiger, treuer, bescheidener und beherrschter Mensch zu werden (Galater 5, 19–23). Auch dabei ist keiner auf sich gestellt, sondern hat Gottes Hilfe und Geist dafür.

Ihr persönlicher Lebenssinn muss damit weder besonders originell noch spektakulär sein, erfordert weder weltumfassende Ambitionen noch ewige Überlegungen. Viele sinnstiftende Elemente ergeben sich bereits von selbst, wenn Sie sie als solche erkennen und annehmen. Wenn Sie sich beispielsweise mit Freude und Leidenschaft Ihrer Arbeit widmen, die damit zum Segen für Sie und andere wird, die Pflege eines Elternteils übernehmen und sich in der Gemeinde oder in einem Verein engagieren – dann führen Sie bereits ein sinnvolles, insgesamt gelungenes Leben.

Überlegen Sie für jeden der drei Aspekte, wie stark er bereits Teil Ihres Lebens ist. Planen Sie einige Vorhaben für jeden Aspekt ein, vor allem für jene, die bei Ihnen bisher wenig ausgeprägt sind oder noch ganz fehlen. Was haben Sie vor?

1. Ihre Liebe zu Gott und seiner Schöpfung ausdrücken:

---

2. Ihre Liebe zu Ihren Mitmenschen ausdrücken:

---

3. Ihre Liebe zu sich selbst ausdrücken:

Vergleichen Sie nach einigen Monaten, welchen Einfluss einige praktische Veränderungen in Ihrem Leben auf Ihr Glücksempfinden und Ihre Zufriedenheit hatten. Dabei geht es nicht um Perfektion, sondern um eine Annäherung an das Machbare. Kommen Sie danach immer wieder auf diesen Dreiklang zurück, den Sie für sich immer neu ausgestalten können.

Wahrheiten, jeden Tag neu entdeckt

Die spirituellen Wahrheiten, die wir in diesem Buch diskutiert haben, sind Bedingungen für ein gelungenes Leben.
Nur wer Gott liebt, kann mit Ungerechtigkeiten und eigenen Unzulänglichkeiten umgehen, weil er auf eine höhere
Gerechtigkeit vertraut. Nur wer seine Mitmenschen liebt,
kann ihnen ihre Schwächen nachsehen, ohne an ihnen zu
verzweifeln. Nur wer sich genug selbst liebt, findet den
Mut, nach eigenen Verfehlungen immer wieder von vorn
anzufangen. Wer ganzheitlich lebt – Gott lieben und die
Mitmenschen wie sich selbst lieben –, denkt über die neun
Wahrheiten nicht nur theoretisch nach, sondern praktiziert
und entdeckt sie jeden Tag neu.

ZUM ABSCHIED

Der Entschluss, das eigene Leben anders als bisher auszurichten, kann in den unterschiedlichsten Verfassungen fallen. In guten Zeiten, wenn Glück und Dankbarkeit in Ihnen überfließen und Sie unbedingt etwas davon weitergeben wollen. In schweren, wenn Sie mit Ihrem Wissen und Ihrer Kraft am Ende sind und nach Hilfe suchen. Oder in den alltäglichen Zeiten dazwischen, wenn alles läuft, sich aber recht langweilig oder sogar sinnlos anfühlt.

Gott kann Ihnen an allen diesen Lebenswendungen aufs Neue begegnen, wenn Sie sich auf ihn einlassen wollen – vielleicht nur zögernd und vorsichtig, wie es bei mir viele Jahre lang der Fall war, vielleicht erleichtert und sofort ganz dabei. Als Christ zu leben in einer Welt, in der auch alles andere geht, ist ein besonderes Abenteuer und eine Entscheidung, etwas grundsätzlich anders als bisher anzugehen.

Vielen Dank, dass Sie meiner Lebensreise ein wenig Aufmerksamkeit geschenkt haben und wir einige Zeit gemeinsam verbringen konnten, um neun Wahrheiten zu überdenken, die jeden von uns durchs Leben tragen können. Auf meiner Webseite attilaalbert.com finden Sie einige Links zu christlichen Büchern, Apps und Musik, die ich als hilfreich empfunden habe. Schreiben Sie mir gern eine Nachricht, wie es Ihnen ergangen ist. Ich freue mich, von Ihnen zu hören.

LITERATUREMPFEHLUNGEN

Bauby, Jean-Dominique
Schmetterling und Taucherglocke
Paul Zsolnay Verlag, Wien 1997

Botton, Alain de
Religion für Atheisten: Vom Nutzen der Religion für das Leben
S. Fischer, Frankfurt am Main 2013

Janssen, Bodo
Kraftquelle Tradition: Benediktinische Lebenskunst für heute
Vier-Türme-Verlag, Münsterschwarzach 2019

Jung, Carl Gustav; Jaffeé, Aniela (Hg.)
Erinnerungen, Träume, Gedanken
Patmos Verlag, Ostfildern 2022

Kranjc, Marco
*Evangelisch für Dummies: Das Alpha und Omega
des evangelischen Glaubens*
Wiley-VCH, Weinheim 2016

Meuser, Bernhard
Christ sein für Einsteiger
Pattloch, München 2007

Müller, Titus
Staunen über das Glück im Unscheinbaren
bene!, München 2020

Ratzinger, Joseph (Benedikt XVI.)
Gott und die Welt: Ein Gespräch mit Peter Seewald
Knaur, München 2013

Schneider, Tammi J.; u. a.
Big Ideas. Das Bibel-Buch: Große Ideen einfach erklärt
Dorling Kindersley, München 2019

Seewald, Peter
Die Schule der Mönche: Mit dem Urwissen der Klöster
das Leben gestalten
bene! Verlag, München 2019

Seidel, Stefan
Nach der Leere: Versuch über die Religiosität der Zukunft
Claudius, München 2020

Trigilio, John; Brighenti, Kenneth
Katholizismus für Dummies: Alles zu Heiligen, Sakramenten
und dem Vatikan
Wiley-VCH, Weinheim 2013

Ware, Bronnie
5 Dinge, die Sterbende am meisten bereuen: Einsichten,
die Ihr Leben verändern werden
Goldmann, München 2015

QUELLENNACHWEIS

1 Verwendete Bibelzitate sind der »Gute Nachricht Bibel«
entnommen, einer leicht lesbaren Übertragung in die moderne
Alltagssprache. Wenn Sie selbst in einer Bibel nachlesen wollen,
sind Sie natürlich dazu ermutigt, für sich eine Übersetzung
auszuwählen, die Ihnen entspricht.
Gute Nachricht Bibel, durchgesehene Neuausgabe,
© 2018 Deutsche Bibelgesellschaft, Stuttgart

2 C. G. Jung, *Erinnerungen, Träume, Gedanken*, Aufgezeichnet
und herausgegeben von Aniela Jaffé, © Patmos Verlag,
Verlagsgruppe Patmos in der Schwabenverlag AG, Ostfildern,
korrigierte Sonderausgabe 2022, S. 161 (Printausgabe),
© Penguin Random House LLC, New York (e-book)

3 Zitiert in: »Grosse Wunder«, *SonntagsBlick,* Zürich,
7. September 2014

4 Wenn Sie mit der Bibel nicht vertraut sind: Der erste Begriff
gibt immer das Buch innerhalb der Bibel an, die darauffolgende
Zahl das Kapitel. Nach dem Komma steht die Nummer des
Verses.

5 Manfred Lütz, *Lebenslust*, © 2002 Pattloch Verlag, in der
Verlagsgruppe Droemer Knaur, München

6 Lara Fritzsche, »Gesucht: ein Booster gegen die Verbitterung«,
Süddeutsche Zeitung Magazin 4/2022, 28. Januar 2022

7 Das *3.* und *5. Buch Mose* in der Bibel.

8 Videos: www.youtube.com/StiftHeiligenkreuz1133;
offizielle Internetseite: www.stift-heiligenkreuz.org

9 Die Evangelien sind die vier biblischen Bücher, die das Leben
und die Lehren von Jesus aus unterschiedlichen Perspektiven
beschreiben: *Matthäus, Markus, Lukas, Johannes.*

Foto: Tyler Ramsey

Attila Albert wurde am 20. Oktober 1972 als Sohn einer ostdeutschen Berufsschülerin und eines ungarischen Elektrikers in Chemnitz (Karl-Marx-Stadt) geboren. Seine Mutter war wenige Tage vor der Geburt volljährig geworden. Sein Vater war 20 Jahre alt und auf dem Weg in den Militärdienst. Entsprechend zog die Familie in dessen Heimatdorf nach Ungarn.

Zurückgekehrt nach Deutschland, begann Attila Albert mit 17 Jahren noch in seiner Abiturzeit als Reporter zu arbeiten. Im Laufe seiner Karriere schrieb er für Zeitungen und Magazine im In- und Ausland und ist bis heute als Autor und Kolumnist tätig. Begleitend studierte er Betriebswirtschaft und Webentwicklung. Für einen Schweizer Industriekonzern baute er die globale Marketingkommunikation mit auf.

Bereits in jungen Jahren beschäftigte er sich mit Psychologie, Kommunikation und Persönlichkeitsentwicklung. Als Journalist lernte er die unterschiedlichsten Lebensgeschichten und -erfahrungen kennen. Am iPEC-Institut in Los Angeles und Chicago ließ er sich zum Coach ausbilden. Er hat bereits mehrere Bücher veröffentlicht.

In Seminaren, Vorträgen und persönlichen Coachings im deutschsprachigen Raum begleitet er Menschen und Unternehmen, die sich verändern und besser kommunizieren wollen. Zunächst aus beruflichen Gründen zog er 2013 nach Zürich. Inzwischen ist ihm die Schweiz eine neue Heimat geworden.

www.attilaalbert.com

Besuchen Sie uns im Internet:
www.bene-verlag.de

Aus Verantwortung für die Umwelt hat sich die Verlagsgruppe Droemer Knaur zu einer nachhaltigen Buchproduktion verpflichtet. Der bewusste Umgang mit unseren Ressourcen, der Schutz unseres Klimas und der Natur gehören zu unseren obersten Unternehmenszielen. Gemeinsam mit unseren Partnern und Lieferanten setzen wir uns für eine klimaneutrale Buchproduktion ein, die den Erwerb von Klimazertifikaten zur Kompensation des CO_2-Ausstoßes einschließt. Weitere Informationen finden Sie unter: www.klimaneutralerverlag.de

Originalausgabe August 2022
© 2022 bene! Verlag
Ein Imprint der Verlagsgruppe
Droemer Knaur GmbH & Co. KG, München.
Alle Rechte vorbehalten. Das Werk darf – auch teilweise – nur mit Genehmigung des Verlags wiedergegeben werden.
Lektorat: Andrea Langenbacher, Stefan Wiesner
Covergestaltung: Romy Pohl
Innengestaltung: Maike Michel
Druck und Bindung: CPI books GmbH, Leck
ISBN 978-3-96340-212-8

5 4 3 2 1